無一우학
설법대전

(8)

無一우학
說法大典
(8)

下

도서출판 | 우리절 **한국불교대학 大관음사**
좋은인연 | **유튜브불교대학** 자매채널 비유디

설법대전을 내면서

나무 불법승(佛法僧)

먼저, 이 책을 인연하시는 모든 분들의 행복을 기도 축원드립니다.

저는 요즘 무문관 정진 중입니다만, 일주일에 한 번씩 유튜브를 통해 생활법문을 녹화하고 있습니다. 전대미문의 코로나 팬데믹(pandemic)으로 불교대학의 정규 강의와 정기 법회가 중단된 상태에서 궁여지책으로 생각한 것이 유튜브불교대학 운영이었습니다. 다행히 부처님 가피로, 애초 5천 명의 구독자로 출발하였으나, 만 2년이 되지 않아서 10만 명의 구독자를 확보함으로써 유튜브를 통해서나마 국내외 불자(佛子)님들과 소통할 수 있게 되었습니다.

저는 1992년 전세 포교당에서 한국불교대학 大관음사를 열면서 창건 이념과 3대 지표를 세웠습니다. 그 창건 이념은 "바른 깨달음의 성취와 온 세상의 정토 구현"입니다. 그리고 사찰의 3대 지표는 "근본 불교, 세계 불교, 첨단 불교"입니다. 그런데 이 창건 이념과 3대 지표가 유튜브라는 매체를 통하여 구현할 수 있게 되었으니, 코로나로 인해 대면 포교가 어려워진 상황 속에서도 크게 다행스러운 일이 아닌가 생각합니다. 참으로 전화위복입니다.

제가 본격적으로 '유튜브 생활법문'을 준비하고 점검하면서 크게 놀란 것은 시청자 연령대의 70%가 50세 이상이라는 사실입니다. 그래서 젊은 불자를 염두에 두고 전법(轉法)의 빛깔과 방향에서 고민을 하기도 하였습니다. 이 책을 인연하시는 분들께서는 그러한 점들을 유심히 살펴주시길 바랍니다.

지금은 바야흐로 유튜브라는 매체를 무시하고는 불교 포교가 어려운 시절에 살고 있습니다. 유튜브불교대학 생활법문을 하면서 저는 '법문의 현대화'를 잊지 않고 있습니다.

좋은 법문은 진리적인 것을 설하여, 이를 체험케 하는 것입니다. 그 진리적이라는 것이 현실적이라야 합니다. 그렇지 않으면 허공에 구름 잡는 얘기가 되고 맙니다. 더 나아가 현실적인 것은 생활적이 되어야 합니다. 그래서 제 법문의 특징은 생활 속에서 응용되고, 생활 속에서 행복을 찾도록 가르칩니다. 어쨌든, 제 법문의 의도가 어느 정도는 시청자들에게 먹히는 것 같아 다행스럽게 생각합니다.

독자 여러분, 그리고 유튜브불교대학 시청자 여러분! 우리 불교 인구가 많이 줄고 있습니다. 불교 포교의 큰 대안 중 하나가 유튜브를 통한 포교입니다. 제가 늘 말씀드리듯이 100만 구독자가 생기면, 미국 뉴욕의 맨해튼에 한국인이 세우는 최초의 '한국명상센터'가 들어설 것이라고 확신합니다. 이 책이 그런 면에서 크게 도움이 되기를 바라 마지않습니다.

이 유튜브를 통한 생활법문은 제 수행의 일부라고 생각하고 언제까지라도 해 나갈 것입니다. 그리하여 그때그때 정리한 원고를 모아 '無一우학 설법대전' 시리즈로 출간하겠습니다. 우리 독자 및 시청자들께서는 시리즈 전권을 소장하는 재미를 붙여 보시길 바랍니다. 아마 수년 내에 200, 300권이 될 것입니다.

불교를 진정으로 아껴 주시는 불자 여러분!

'無一우학 설법대전'이 불교 가정 가정마다 놓여질 수 있도록 관심 부탁드립니다. 주위에 많이 알려 주시고 법보시(法布施) 해 주시면 감사하겠습니다.

다른 기회에 또 뵙도록 하겠습니다.

관세음보살

무일선원 무문관에서
無一 우학 합장

설법대전(8) 목차

135
부처님 앞에 서면 왜 감정이 북받치는가? / 15

136
불자는 왜 무병장수 하는가? / 23

137
백중의 경전적 유래※ / 33

138
인등을 밝혀라, 그 이유는? / 45

139
독송할 때는 감각기관을 총동원하라 / 53

140
공양 올리는 정성대로 일이 이루어진다 / 61

141
목탁 귀가 밝아야(목탁 배우기) / 73

142
종교가 다른 조상은
더욱 잘 천도해 드려라 / 83

143
불자가 되는 첫 관문, 수계 / 91

144
1인가구 시대,
불자는 혼자서도 잘살 수 있다 / 101

145
조계종 신도증 가지면
108가지 혜택이 있다 / 109

146
마하반야바라밀다심경,
제목의 뜻은 알고 계시는가? / 119

147
사찰 방문 시 먼저 할 일 / 131

148
법당 참배 시 기초 상식 141

149
정근기도 중 망상 제거 방법 / 151

150
지옥에 떨어질 중죄는 짓지 말라 / 163

151
법당에 계신 부처님 이름 알기 / 175

152
9988234,
불자는 나이가 들어도 청춘처럼 산다 / 185

153
이렇게 태교하라, 불교 태교가 최고! ※ / 193

154
부처님 이름이 많은 이유 / 205

155
하안거, 선방 대중공양에 대하여 / 213

無一우학
說法大典

135
부처님 앞에 서면
왜 감정이 북받치는가?

2020. 07. 11. 대구큰절 옥불보전

 관세음보살. 유튜브불교대학 시청자 여러분, 반갑습니다. 오늘은 '부처님 앞에만 서면, 왜 감정이 북받치는가요?'라는 주제로 말씀을 드리겠습니다.

김서운 불자님께서 보내주신 질문입니다.

"스님, 저는 운전할 때 유튜브를 통해서 경전을 듣곤 합니다. 어떨 때는 갑자기 울컥하면서 엄청 눈물이 나는 겁니다. 왜 그런 건지요? 너무 궁금합니다."

제가 흔히 받는 질문 중 하나입니다. 어떤 분은 독송하는데 눈물이 났다고 하고, 어떤 분은 절에 와서 부처님을 쳐다보는데 눈물이 펑펑 쏟아졌다고 합니다. 또 어떤 분은 절을 하는데 눈물이 났다고 하고, 불교대학에 와서 강의를 듣다가 갑자기 눈물이 났다는 분도 있고, 찬불가를 부르는데 눈물이 쏟아지기도 합니다. 참선하려고 앉아 있는데 눈물이 쏟아졌다는 분도 있습니다. 눈물까지는 아니더라도 알 수 없는 어떤 감동의 여울에 마음이 출렁거려서 가슴이 찡할 때가 있었다는 분도 있습니다.

이러한 감정들은 결코 예사롭지 않습니다. 이는 오랜

세월 전 인연의 기운이 지금 나타나서 다시 내 마음 가운데 있는 불성에 점화가 된 것입니다.

정법(正法)과의 인연은 보통의 인연과는 많이 다릅니다. 그 깊이도 확연히 다릅니다. 부처님, 정법과의 인연은 정신적인 에너지, 즉 영적 에너지가 핵심이므로 여느 다른 인연과는 비교할 수 없이 진할 수밖에 없습니다. 인연 자체가 다른 여타 인연과는 전혀 다르다는 겁니다. 인연이 아주 진할 수밖에 없습니다. 부처님과 과거 전생에 맺은 인연은 영적 에너지와 결부되기 때문에 아주 진하게 나타난다, 이 말입니다. 그래서 눈물이 나기도 하고, 가슴이 터질 듯 찡하기도 한 것입니다. 또 어떨 때는 몇 날 며칠이고 환희심이 나서 잠이 안 올 정도로 아주 기쁠 때도 있고 그렇습니다.

그래서 이러한 것들은 결코 나쁜 것들이 아닙니다. 아주 좋은 일입니다. 그러한 감정이 일어날 때는 억지로 자제할 것이 아니고, 눈물이 나면 그냥 울면 됩니다. 기쁠 때는 덩실덩실 춤이라도 추고, 웃고 싶을 때는 웃으면 됩니다. 그냥 자기 마음 일어나는 대로 순응하면 됩니다.

수억 겁 세월 동안 쭉 살아오면서 부처님과의 인연이 너무 지중해서 그런 감정이 일어나는데, 그것을 억지로 제지하고 제어할 필요는 없습니다. 우리는 이러한 것을 무의식 또는 잠재의식 속에 있던 것들이 일어난 것으로 봅니다. 이 무의식이나 잠재의식을 불교에서는 '아뢰야식(阿賴耶識)', '제 8식(識)'이라 합니다. '장식(藏識)', '저장식(貯藏識)'이라고도 합니다. 그래서 '장식의 발동이다' 이렇게 보면 됩니다. 과거 생 수억 겁 세월 동안의 모든 업이 다 저장되어 있다가, 시절 인연이 도래하니 겉으로 드러나게 되는 것입니다.

  그러므로 지금 보고 있고 만나고 있는 일이 과거 생과 깊은 관계가 있고, 특히나 그것이 부처님과 관계되는 경우라면 저절로 감정이 아주 북받쳐 오르고 주체할 수 없는 감정이 일어나지 않을 수 없는 것이지요. 어찌 보면, 이 자체가 부처님 가피라고 볼 수 있습니다. 부처님과 인연 하게 되어 춤을 추고 싶은 감정이 일어나는 것, 눈물이 쏟아질 것 같은 감정이 일어나는 것, 막 웃고 싶은 그런 감정이 일어나는 것 등 이 자체가 부처님 가피

*세세생생 부처님 법만을 따르고
절대 잊지 않을 것을 서원합니다*

다, 이겁니다.

그래서 감정을 토해낼 정도로 벅찬 부처님 정법과의 인연을 지금 어렵사리 만났으니, 이제 다시는 물러남이 있으면 안 됩니다. 정신 바짝 차리고, '왜 이 정법을 이제야 만났던가' 하는 생각을 하며, '이제부터는 부처님 정법의 문 안에서 부지런히 살아야겠다. 절대 부처님을 잊어서는 안 되겠다' 라는 생각을 단단히 가지셔야 합니다.

지금까지 쭉 부처님을 잊어버리고 있다가 우연한 계기로 부처님을 다시 만나고, 부처님과 관계되는 여러 상황을 만남으로써 그렇게 감정이 북받쳐 올랐어요. 이것을 잘 잡아야만 합니다. 그냥 며칠 지나고 난 뒤에 또다시 유야무야 그 감정은 사그라지고, 다시 무뎌져서는 아무 일이 없었듯 지나가면 안 됩니다.

그러므로 그런 감정이 일어날 때는 반드시 그것을 일기로 쓰십시오. 일기로 '이제 다시는 부처님 정법에서 멀어지는 일이 없도록 하겠습니다. 제가 마음 단속을 잘해서 부처님과 늘 교감이 되는 불자로 살겠습니다' 라고 단단히 다짐을 해야 합니다. 그렇게 해서 일어나는 감정을 절대 놓치지 않고 잘 잡아야겠습니다. 그리고 시간이 간다 해서 그 감정을 잊어버리지 말고 오래오래 잘 지속해야 합니다. 어렵사리 부처님 법을 만나서 그런 감정이 일어났는데, 며칠 지났다고 해서 잊어버린다면 참으로 어리석은 일입니다. 독송하다가 일어난 감정이든, 절을 하다가 일어난 것이든, 참선을 하다가 일어난 것이든, 불교 공부를 하다가 일어난 감정이든, 찬불가를 부르다가 일어난 것이든 상관없습니다.

그러한 감정이 일어나는 것은 전생부터 이어 온 부처님과의 인연이 바탕이 되어서, 그것이 다시 발동되어 현재 의식으로 나타나는 것입니다. 그러니 절대 그걸 놓쳐서는 안 된다는 말입니다.

그러니까 "부처님, 앞으로 저는 세세생생 부처님 법만을 따르고 절대 잊지 않을 것을 서원합니다." 이렇게 일기장에 쓰세요. 또는 별도의 용지에 써서 이것을 자기가 늘 보는 거울이나 늘 대하는 벽면에 딱 붙여 두십시오. 붙여 두고 늘 스스로 마음 단속을 하신다면, 그런 감정이 일어난 것이 본인이 평생 불교적 삶을 살아가는 데에 아주 큰 도움이 될 것입니다.

그리하면 분명히 부처님 가피가 쏟아질 것입니다. 그런 감정을 기점으로 해서 본인이 신심을 내었으므로 부처님 가피가 어쩌면 소나기처럼 쏟아질지도 모릅니다. 그 신심을 오래오래 유지하시도록 더 굳건한 신심이 되도록 해 주시면 좋겠습니다.

부처님 전에 섰을 때 눈물이 난다거나 웃음이 난다거나 또는 환희심이 난다거나 하는 것은 결코 나쁜 일이 아니고 아주 좋은 일입니다. 그 감정을 잘 승화해서 훌륭한 불자가 되시길 바랍니다.

내일 다시 뵙겠습니다.
관세음보살

無一우학
說法大典

136
불교는 왜 무병장수할까?

2020. 07. 12. 대구큰절 옥불보전

관세음보살. 유튜브불교대학 시청자 여러분, 반갑습니다. 오늘은 우리가 불교 신자로서 자부심을 가져도 될 만한 내용에 대해 말씀을 드리겠습니다.

'불교 신자는 왜 무병장수하는가? 에 대해 '불교 신자는 당연히 무병장수한다' 라고 보고 얘기하려고 합니다. 불교 신자는 장수한다, 이 말은 다시 말해 '장수하려면 불자가 돼라' 이겁니다. 재미있지요? 끝까지 한번 잘 들어보시기 바랍니다.

사람은 누구나 오래 살기를 염원합니다. 그것도 건강하게 오래 살기를 바랍니다. 그런데 아주 다행스럽게도 우리 불교 안에 그 해답이 있습니다. 신행 생활을 잘하는 신도님들을 한번 보십시오. 그리고 대부분의 스님들을 보면 건강하게 오래오래 삽니다. 제가 지금 있는 한국불교대학 大관음사에도 90살 전후의 노보살님들이 많이 다니십니다. 다 이유가 있습니다.

불자들이 무병장수한다는 것은 분명한 사실인데, 그렇다면 불교 수행의 무엇이 무병장수를 가능케 하는가?

첫째, 명상하기 때문입니다.

불자는 늘 명상하므로 무병장수할 가능성이 큽니다. 여기서 명상은 사경하고, 참선하고, 정근하고, 독송하는 것들이 모두 포함됩니다. 불교 수행의 모든 것이 사실은 다 명상입니다. 이러한 명상은 스트레스를 날려 버립니다. 모든 의사들이 입을 모아 말합니다. 모든 병의 뿌리가 스트레스라고 말입니다. 이 스트레스만 없으면 무조건 무병장수한다, 그런 말을 하기도 합니다.

불자들은 모두다 수행을 하고 있습니다. 절에 오면 당연히 수행이 되고, 집에서도 불자들은 최소 30분에서 1시간 정도는 다 수행합니다. 관세음보살 정근을 하든지 참선을 하든지 사경을 하든지 독송을 하든지 하나는 반드시 합니다. 그래서 자기가 좋아하는 명상을 하게 되면 분명히 정신적, 육체적으로 건강하게 되고, 그런 사람은 무병장수합니다. 불교는 이미 그런 소재를 다 가지고 있습니다.

둘째, 계율을 실천하기 때문입니다.

계율은 과도한 탐욕을 억제하는 큰 장치입니다.

과도한 음주, 과도한 흡연, 과도한 욕심, 이런 것을 못하도록 마음속에 있는 계율 정신이 늘 스스로를 통제합니다. 그래서 불자가 계를 잘 지키지 않을 수가 없어요. 헛된 욕심이 일어나거나 과도한 음주 욕구가 생기면, 자기 안에서 또 다른 내가 나타나서 "이 불자야, 계를 좀 지켜!" 이렇게 신호를 줍니다. 그럼으로써 우리는 아주 정신 반듯한 불자로서 존재할 수 있고, 그로 인해서 우리는 무병장수 할 수 있습니다.

셋째, 사찰식 식단을 선천적으로 선호하기 때문입니다. 신심 있는 불자들은 육식보다는 채식을 선호합니다. 그리고 많이 먹지도 않습니다. 무문관 스님들은 아예 하루에 한 끼만 먹습니다. 또 일반 절에서도 아침에는 주로 죽을 먹고, 점심에는 일반 공양하고, 저녁때는 약식으로 약처럼 조금만 먹습니다. 이처럼 절에서 먹는 음식은 대부분 채식이고 많이 먹지 않습니다.

그런데 신심 있는 우리 불자들은 누가 시키지 않았는데도 사찰에서 이루어지는 식단으로 챙기는 경우가 아주 많습니다. 이는 전생부터 그러한 식단이 습(習)이 되

몸과 마음을 유연하게 하는 근원적인 장치가 이미 불교 안에 있습니다

어 자연적으로 그렇게 먹는 것으로, 저는 그런 경우를 많이 봤습니다. 이것은 억지로 해서 되는 일도 아닙니다. 선천적으로 과거 전생부터 사찰식 식단이 몸에 배서 그런 것입니다. 요즘 무병장수하려면 채식을 많이 하고 소식하라고 말을 하지요. 절에서 지내거나 절을 왔다 갔다 하는 신도님들은 저절로 그렇게 되는 것입니다. 그러므로 절에 인연 있는 사람들은 무병장수할 수밖에 없겠지요.

아울러, 절에서는 된장 간장 등 숙성시킨 음식을 많이 먹습니다. 이렇게 절 식단 자체가 이미 건강식이고, 절에 왔다 갔다 하는 신도님들 대부분이 그런 식으로 공양을 드시기 때문에 무병장수할 수 있는 조건이 이미 다 갖추어져 있다는 말입니다.

넷째, 스님들이나 불자들은 잠을 늘 푹 잘 자기 때문입니다.

절에서 많은 대중이 모여 살 때는 공식 취침 시간이 밤 9시에서 10시 사이입니다. 그리고 새벽 3시에서 4시 사이에 일어납니다. 그래서 일찍 자고 새벽 일찍이 일어나게 되니, 기본적으로 건강을 유지할 수 있는 시간 관리가 되는 것입니다. 일찍 자고 일찍 일어나는 규칙적인 생활이 건강의 비결이라는 것을 우리도 다 알지 않습니까? 그런데 절 생활은 이미 건강할 수밖에 없도록 짜여있다는 것이지요. 단체 생활을 하다 보면 정해진 시간을 지키지 않을 수 없습니다. 그러므로 억지로라도 건강하게 되는 겁니다.

절 생활을 하시는 스님들도 그렇지만, 더러 절에 와서 주무시는 신도님도 있습니다. 또 요즘에는 힐링캠프나 템플스테이 등이 활성화되어 있어서 일반 신도님들도 절 생활을 체험해 볼 기회가 많습니다. 그런 체험을 하고 집으로 돌아가신 분들 대부분이 절에서의 체험을 일상생활에도 녹이려 많은 애를 씁니다. 시간 맞춰서 일찍 자고 일찍 일어나려고 하는 등 시간 관리를 하려고 노력합니다. 그러니 무병장수하지 않을 수가 없는 것입니다.

다섯째, 경전을 공부하기 때문입니다.

경전을 공부하는 것이 어떻게 무병장수에 도움이 되

는가, 부처님 경전은 우리 인생을 대단히 긍정적으로 활기차게 살 수 있도록 가르칩니다.

내면에 부처님 성품이 있고, 내면에 '참나'가 있다. 그러니 열심히 다부지게 긍정적으로 살아라.

이것이 불교의 가장 중요한 메시지가 아닌가 생각합니다.

팔만대장경(八萬大藏經) 그 많은 경전들을 우리가 공부해요. 하지만 평생을 공부해도 다 볼 수 없는 것이 팔만대장경입니다. 그러므로 불교 경전 공부의 재미를 아는 사람은 죽을 때까지 공부할 수 있는 여건이 되어있다는 것이지요. 늘 공부하고 늘 경전을 보는 사람들은 정신 건강이 아주 좋습니다. 절대 치매가 오지 않습니다. 늘 공부하는데 치매가 올 틈이 어디 있겠습니까? 치매는 머리에 녹이 슬어서 오는 경우가 많은데, 경전 공부를 하는 불자들은 그럴 틈이 없어요. 또 경전 공부는 한량이 없기 때문에 지겹지도 않습니다.

첫째는 경전 내용이 인생을 긍정적으로 가꾸는 것이

고, 둘째는 경전의 많은 양이 늘 공부시켜 줌으로써 우리가 정신적으로 치매 등 병에 걸리지 않도록 불교 안에 이미 모든 장치가 되어 있습니다. 그러므로 불교 믿는 사람들은 무병장수할 수밖에 없습니다.

여섯째, 불교는 몸과 마음을 유연하게 하기 때문입니다. 절을 하면 몸이 아주 유연해집니다. 아침저녁으로 집에서 108배까지는 아니더라도 21번, 9번만 정성껏 해 보십시오. 몸이 아주 유연해집니다. 그리고 정신적으로 유연해지려면 관세음보살을 외우면 됩니다. 관세음보살을 아주 정성껏 한 4, 5분 만이라도 외우면 정신이 아주 유연해집니다. 몸과 마음이 유연해지면 당연히 모든 세포가 살아나고, 피의 흐름도 좋아지고, 모든 호르몬도 정상적으로 작동하게 됩니다. 그러면 무병장수할 수밖에 없는 것이지요.

이렇게 몸과 마음을 유연하게 하는 근원적인 장치가 이미 불교 안에 있기 때문에 그대로만 한다면 분명히 그 사람은 무병장수할 수 있습니다. 이상 여섯 가지를 제가 잘 정리해서 말씀을 드렸습니다.

불교 수행이야말로 무병장수를 위해 필요한 모든 조건을 다 갖추고 있습니다.

그러므로 우리는 불교 신자가 되었다는 데 자부심을 가지고, 절에서 스님들이 가르치는 대로 열심히 하고 부처님 말씀대로 잘 살면 됩니다. 요즘 100세 시대라고들 하는데, 불자라면 평균 100세는 그냥 기본으로 깔고 가지 않을까 생각합니다. 우리는 늘 불자로서 자부심을 가지고 다부지게 열심히 살면 무병장수 할 수 있고, 또 많은 보살행을 통해서 이 세상에 왔다 간 보람이 있지 않을까 생각합니다.

늘 불자로서 불교 믿으면 무병장수한다는 확신을 가지고 살면 좋겠고, 주위에 포교할 때도 이를 좀 활용해 주시면 좋겠습니다.

 늘 건강하시고, 내일 다시 뵙겠습니다.
관세음보살

無一우학
說法大典

137
백중의 경전적 유래

2020. 07. 13. 대구큰절 옥불보전

※ 불교신문 기획연재 '우학스님의 유튜브 불교대학'의 글을 그대로 수록하였습니다. 생생한 우학 스님의 설법은 유튜브에서 확인하시기 바랍니다.

 관세음보살. 유튜브불교대학 시청자 여러분, 반갑습니다. 오늘은 특별히 '백중의 유래'에 대해서 말씀드리겠습니다.

불자(佛子)라 함은 부처님의 자식이라는 말입니다. 불자는 부처님께서 하신 경전 말씀을 자기 인생의 지남으로 삼아야 합니다. 경전에 분명히 나와 있으면 믿고 따라야 합니다. 그중의 하나가 백중 천도 의식입니다.

백중의 유래에 대해서는 목련경, 우란분경과 같은 경전에서 소상하게 밝히고 있습니다. 목련경의 내용을 요약해서 말씀을 드리겠습니다.

왕사성에 부상이라는 장자(長者)가 갑자기 죽었습니다. 부상 장자에게는 나복이라는 아들이 있었는데, 효자이면서 생활력이 강했습니다. 나복은 아버지의 상을 잘 치르고는 재산을 정리하였습니다. 삼천 냥 돈을 삼등분하여, 천 냥은 어머니 '청제'에게 살림 밑천으로 드리고, 천 냥은 아버지를 위해 500승재(僧齋) 명분으로 어머니에게 더 드렸습니다. 500승재란 500명의 스님들을 매일 차례로 집으로 모셔서 재를 올리는 의식을 일컫습니다.

나복은 나머지 천 냥을 가지고 이웃나라로 무역 차 떠났습니다. 이웃나라에 가서 3년간 있으면서 돈을 많이 벌어 드디어 집으로 돌아오게 됩니다. 그런데 마을 사람들이 동네 어귀를 지나는 나복에게 한마디씩 했습니다.

"나복아, 너의 어머니가 500승재를 지냈다고 하거들랑 믿지 말거라."

먼 발치에서 이 소리를 듣던 어머니가 아들에게 다가와 한마디 했습니다.

"나복아! 저 사람들 말 듣지 말아라. 만일 저들의 말처럼 삿된 믿음에 빠져 살생이나 하고 500승재를 지내지 않았다면, 이 몸은 7일 이내에 급살을 맞을 것이다."

아, 그런데 이 무슨 변괴(變怪)인지 어머니가 7일 만에 돌아가셨습니다. 이에 나복은 인생무상을 느끼고 부처님 앞으로 출가를 하게 됩니다. 출가 후 나복은 그 유명한 신통제일 목련존자가 됩니다.

한번은 어머니가 그리워서 저세상을 다 둘러보는데 무슨 일로 어머니를 찾을 수가 없었습니다. 지옥에서 천상 세계까지 샅샅이 훑었지만 허사였습니다. 목련존자는 부처님께 나아가서 여쭈었습니다.

"부처님, 저의 어머니를 찾을 수가 없습니다. 저의 어머니는 어디에 계시는지요?"

부처님께서 답변해 주셨습니다.

"너는 나의 많은 제자 중에서 신통으로서는 제일이니라. 그런데 네가 부모님의 소재지를 파악하지 못한 것은 육친의 정이 네 신통의 눈을 멀게 했기 때문이니라. 네 어머니는 무간아비지옥에 있느니라."

그제야 목련존자는 무간지옥에 계신 어머니를 확인하고 부처님께 매달렸습니다.

"부처님, 저의 어머니를 어떻게 해야 구제할 수 있겠습니까?"

부처님께서 말씀하셨습니다.

"그래, 그렇다면 스님들을 모아놓고 경전을 읽어드리고 공덕을 짓도록 하라."

그 말씀을 들은 목련존자는 스님들을 모아놓고 경전을 읽었습니다. 그랬더니 어머니는 한 단계 위의 세상인 흑암지옥에 태어났습니다. 목련존자는 또 부처님께 하

佛事門中 不捨一法
불교의 일 가운데는 하나도 버릴 것이 없다

소연하며 애걸하였습니다.

"부처님, 흑암지옥도 너무 힘든 곳인데 어머니를 좀 어떻게 할 수 없겠습니까?"

부처님께서는 전과 똑같은 방법을 일러주셨습니다. 목련존자가 그대로 하였더니, 이제는 아귀 세계에 태어났습니다. 목련존자는 또 부처님께 매달렸습니다.

"부처님, 아귀 세계가 흑암지옥이나 무간지옥보다는 덜 고통스럽다고는 하지만 어머니가 너무 굶주려서 고통받고 있는 것을 차마 볼 수가 없습니다. 부처님, 어떻게 하여야 아귀의 몸을 벗어나겠습니까?"

부처님은 역시 이번에도 똑같은 방법을 일러주셨습니다. 물론, 목련존자는 그대로 또 실행하였습니다. 그랬더니 어머니는 왕사성 어느 부잣집의 개로 태어나는 것을 볼 수 있었습니다. 목련존자가 찾아갔습니다. 개는 목련존자를 보자마자 꼬리를 흔들며 너무나도 반갑게 맞아주었습니다. 목련존자는 반가움보다도 가슴이 미어질 듯한 아픔을 느꼈습니다.

'어머니가 개로 태어나다니…'

자식 된 도리로서는 참, 하늘이 무너지는 슬픈 마음이 일어났습니다. 당장 부처님께 쫓아가서 또 하소연하였습니다.

  "부처님, 개의 모양으로 있는 저의 어머니를 제발 구제해 주십시오."

  부처님께서는, "그래. 이제는 마지막 기회이다. 7월 15일, 하안거 해제일에 스님들이 많이 모이거들랑 성의껏 공양을 올리고 경전 독송을 겸한 천도재를 부탁하라. 그러면 아마 좋은 곳으로 가실 수 있을 것이다." 하고 말씀하셨습니다.

  그래서 목련존자는 부처님 지시대로 바로 하안거 해제일, 7월 보름에 준비를 잘해서 지극정성 어머니 천도재를 올려드렸습니다. 아, 그랬더니 어머니가 도리천궁에 태어나는 것을 볼 수 있었습니다.

  목련경은 여기서 대충 이야기가 끝납니다. 그런데 우란분경에서는 좀 더 간단하게 이야기를 합니다. 즉, 한 겁 동안 받아야 할 고통을 백중 천도재를 잘 지내드림으로써 금방 도리천궁에 태어나는 쾌거를 이루었다고.

그런데 우란분경에는 '7대 선망부모를 함께 천도하면 좋다' 라는 얘기가 나옵니다. 경 말씀대로 백중재에 7대 선망부모를 다 올려드리면 좋겠지만, 현실적으로 금전 부담이 된다면 4대까지는 올려드릴 것을 권유합니다.

지금부터는 제 개인 얘기를 좀 하겠습니다. 저는 28년 전, 大관음사를 창건한 이후, 한 해도 거르지 않고 저의 조상님들을 백중재에 꼭 올려드립니다. 본가와 외가를 합해서 영가 22위를 올리다 보면 20여만 원 들어갑니다. 물론 제 용돈으로 직접 종무소에 납부합니다. 저는 제가 창건한 절이라 해서 천도비, 기도비를 안 내지 않습니다. 요즘은 제 상좌들이 염불하지만, 제가 직접 요령을 잡고 기도할 때도 공(公)과 사(事)를 분명히 했습니다. 즉, 제 개인에 따른 기도 비용은 반드시 절 종무소에 직접 냅니다. 그렇게 해야 기도 효험이 있을 것이라고 확신합니다.

여기서 위패 올림에 참고가 될 것 같아 한 말씀 드립니다. 7대 선망부모를 다 올려드리면 좋다고 했는데, 조상 이름을 알 수가 없는 경우에는 재를 지내주는 복위(伏

爲)만 정확하게 기재하면 됩니다. 예를 들면, 7대 조부일 경우에 'ㅇㅇㅇ(내 이름) 복위'라고 쓰고, '선(先) 7대 조부'라고 쓰면 됩니다. 누가 지내주느냐, 이게 중요합니다.

백중 때는 지금까지 잘 챙기지 못했던 선망부모 조상 영가님은 물론, 소홀히 했던 수자령 영가와 먼 친척 영가를 천도해 드리면 좋습니다. 그 영가들이 설령 인간이나 다른 존재로 태어났다 할지라도 정성껏 기도해 드리면 이 영적 에너지는 시공(時空)의 한계를 관통하여 그분에게 분명히 미치게 됩니다. 그리하면 그 조상의 음덕(蔭德)(1)이 내게로 돌아와서 하고자 하는 일에 도움이 됩니다.

재를 지내면서도 확신이 없는 경우들이 더러 있는데 그러시면 안 됩니다. 긴가민가하면 천도가 안 됩니다. '아, 이것은 조상에게 확실히 좋고, 또 나에게도 좋은 일이다. 이 기회는 너무도 중요하고 감사하다' 이러한 지극 정성한 마음이 있어야 합니다. 억지로, 형식적으로 하시면 안 됩니다.

'나는 이런 것 별로 하고 싶지 않다. 하지만 남들이 다 하니까 그냥 한다. 이게 무슨 큰 의미가 있겠나' 라고 하는 마음가짐으로 동참한다면 별 공덕이 없습니다. 백중재를 올리신 신도님들은 절의 스님들께만 맡겨놓지 말고, 스스로도 정성을 기울이시길 부탁드립니다. 금강경을 하루 두 번 이상 꼭 독송하시고 백중재 끝날까지 금강경을 세 번 정도 사경하십시오. 사경한 용지나 노트는 백중 당일 위패 사를 때 같이 사르면 됩니다. 백중기도를 잘만 하면, 우선은 조상님이 좋겠지만 본인 스스로도 많은 공부를 할 수 있습니다. 매일 금강경 독송, 사경하는 공덕은 엄청 큰 것입니다.

그러면 마지막으로 제가 일목요연하게 정립한 천도재 공덕을 말씀드리겠습니다.

'불사문중 불사일법(佛事門中 不捨一法)', 즉 '불교 안의 일 가운데는 하나도 버릴 것이 없다' 라는 옛 말씀처럼, 이 백중 천도재도 그렇습니다. 백중 천도재 및 일반 천도재는 불사(佛事)입니다.

첫째는 구제불사(救濟佛事)입니다.

둘째는 정업불사(淨業佛事)입니다.

셋째는 작복불사(作福佛事)입니다.

넷째는 보은불사(報恩佛事)입니다.

유튜브불교대학 신도 여러분, 방송만 듣지 마시고 인연 닿는 절에 나가서 백중 공덕 지으시길 바랍니다.

내일 다시 뵙겠습니다.
관세음보살

참고하시면 좋은 법문

(1) 조상의 음덕은 있다 (설법대전 3)
    이미 환생했다면 제사가 무슨 소용? (설법대전 5)

無一우학
說法大典

138
인등(引燈)을 밝혀라
그 이유는?

2020. 07. 14. 대구큰절 옥불보전

 관세음보살. 유튜브불교대학 시청자 여러분, 반갑습니다. 오늘은 '인등(引燈)을 밝혀라', 인등을 밝히는 이유에 대해서 말씀드리겠습니다.

인등은 어느 절이든 다 설치되어 있습니다. 부처님 계시는 상단에 주로 설치되어 있어서 모든 불자들이 절하는 바로 그 위치입니다. 절하는 대상입니다. 그리고 인등마다 작은 부처님이 다 모셔져 있으므로 그 의미가 더욱더 새로울 수가 있습니다. 옛날에는 인등이 호롱불로 모셔져 있었습니다. 지금은 전기등이지만 안에 부처님도 계시니까 호롱불보다는 더 좋지 않은가 합니다.

인등은 비록 작지만 그 의미가 큽니다. 우리 각자 각자의 인생을 정성스럽게 가꾸기 위한 기도의 간절한 표현을 인등으로 나타냈다고 보시면 됩니다. 그래서 인등은 가족 각각 밝히는 것이 특징입니다. 보통 축원할 때 가족 축원을 같이 하지만, 인등을 밝히는 것은 가족마다 각각 한 사람, 한 사람씩 인등에 불을 밝히고 자기 생년월일과 이름을 올려놓습니다. 그래서 인등기도는 좀 더 정성스러운 기도 방법이라고 보시면 되겠습니다.

그러면 인등기도의 의미에 대해 한번 살펴보겠습니다.

첫째, 인등은 부처님의 복덕과 지혜를 끌어내는 등입니다.

인등의 인 자는 '끌 인(引)'입니다. '인도하다'라는 뜻입니다. 그래서 인등은 '끌어내는 등불이다'라는 말인데, 그러면 무엇을 끌어내는가? 부처님의 복덕과 지혜를 끌어내는 등이라는 것입니다.

요즘 '끌어당김의 법칙'이라고 해서 이야기를 많이 하지요? 우리 중생은 아무래도 부처님보다는 나약하고, 업장이 두터워서 사는 것이 힘든 것이 사실입니다. 우리는 스스로 '나는 아직도 나약하다'라는 것을 솔직히 인정하지 않을 수가 없고, 또 인정하는 것이 좋습니다. 그래서 '부처님의 한량없는 복덕과 한량없는 지혜를 좀 끌어내서 쓸 수 있다면 그렇게 해 보자' 해서 나온 등이 인등입니다. 그러므로 작지만 정성스럽게 인등을 밝히면 부처님의 복덕과 지혜를 끌어당김할 수 있다, 끌어낼 수 있다는 말입니다. 그리고 근거가 없으면 안 되니까 작은

불 하나를 켜 그 불과 부처님의 한량없는 복덕과 지혜가 연결되도록 하는 것이 인등인 것이죠.

우리가 인등을 밝히고 지극정성 기도하면 분명히 부처님 가피를 입을 수 있습니다.

둘째, 인등은 부처님께 인도하는 등입니다.

가족 중에서 아직 불교를 믿지 않는 사람이 있으면 인등을 꼭 밝혀 주십시오. 인등 불이 비록 작지만, 각자가 가지고 있는 부처님 성품, 불성(佛性)이 발동됨으로써 불성의 존재를 확인하는 등이 될 것입니다. 즉, 인등은 중생 각자 가지고 있는 불성 종자와 연결시키는 촉매제가 될 수 있다는 말입니다. 비록 작은 등에서 시작했지만 저 태양처럼 밝고 밝은 엄청난 큰 광명의 덩어리가 될 수도 있을 것입니다.

부처님께 인도되었다는 것은 '부처님의 그 밝고 밝은 지혜를 온전히 내가 다 쓸 수 있다' 또는 그러한 가피 속에 있다는 이야기도 됩니다. 그래서 태양처럼 큰 밝음이 된다면, 그것이야말로 큰 공덕을 입은 것이고 큰 광명으로 다시 태어나는 것이 아니겠습니까? 따라서 가족 누구에게든지 이 인등을 밝혀 주면 분명히 그런 씨앗을 뿌리는 일이 될입니다.

셋째, 인등은 희망의 등입니다.

인등의 불빛이 바로 그것을 나타냅니다. 등대의 불처럼 멀리 있어 희미하지만, 먼 항해를 하는 사람에게는 희망을 줄 것입니다. 우리 인생길은 참으로 험하고 험합니다. 그런데 인등을 밝혀두면 마치 저 출렁이는 파도 위에서 씨름하다가 등댓불을 본 것과 같을 것입니다. 인등 불을 밝혀 놓고, '나도 인등 불 하나 켰다' 라는 생각이 있는 것만으로도 우리가 살아감에 있어서 중심이 잡히고 희망이 될 것입니다. 그래서 이 희망의 등, 인등은 감사의 등이 될 수도 있고, 나아가 후일에는 행복의 등이 될 것입니다.

제가 특별히 부탁드리고 싶은 것은 가족 중에서 종교가 다르거나, 불교를 탐탁지 않게 생각하는 사람의 인등을 밝혀 주라는 것입니다. 그러면 나중에는 다 불자가 됩니다. 만약 가족의 이름으로 인등을 밝히셨다면 은연중에 꼭 얘기하시기 바랍니다.

"내가 절에 너를 위해서 인등 하나 밝혀 놓았다."

그러면 자식의 마음 가운데 '어머니가 나를 위해서 절에 인등을 밝혔구나. 부처님의 복덕과 지혜를 끌어내는 등이라 하니, 앞으로 나는 잘 될 것이다'라고 하는 그런 희망을 갖게 될 것입니다. 인등을 밝혔다는 생각만으로도 마음이 든든하고 흐뭇한 일이 될 것입니다. 그래서 웬만하면 가족들의 인등을 모두 밝히시면 좋을 것 같고요. 다니시는 절, 주위 사찰에 가서 인등 하나씩은 꼭 밝히셨으면 좋겠습니다. 특히 큰일을 앞두고 있는 자식이 있다면 그 아이만이라도 반드시 인등을 밝히도록 해 주시면 좋겠습니다. 가족 전체를 밝히려면 경제적으로 부담스러울 수도 있습니다. 그럴 경우에는 가족 중에서 기도가 꼭 필요한 아이나 가족을 위해서만이라도 인등을 밝혀주십시오. 밝혀 주시면 그만큼 좋은 일이 될 겁니다.

그리고 앞서 말했듯이 인등을 밝히신 뒤에는 "너를 위해서 인등을 밝혔다. 반드시 잘 될 것이다."라고 분명히 말함으로써 희망을 주는 것이 좋습니다.

결론적으로 다시 한번 말씀드리겠습니다.

인등은 복덕과 지혜를 성취하는 소원의 등입니다.
인등은 부처님 전에 가족을 인도하는 등입니다.
인등은 희망의 등이자 감사의 등입니다.
우리 모든 불자들은 다니는 절, 정법 도량에 나가서서 인등 밝히고 늘 행복하시기를 바랍니다.

재차 말씀드립니다. 가족의 이름으로 인등을 밝혔다면 반드시 그 당사자에게 "그 절이 아주 기도 영험이 있다는데, 그곳에 너를 위해 인등을 밝혔다." 이렇게 꼭 말씀해 주시기 바랍니다. 자녀 또는 가족이 긍정적으로 생각할 수 있도록 말씀을 해 주신다면, 분명히 그 인등으로 인해서 삶에 큰 힘을 받을 수 있을 것입니다.

내일 다시 뵙겠습니다.
관세음보살

無一우학
說法大典

139
독송할 때는
감각기관을 총동원하라

2020. 07. 15. 대구큰절 옥불보전

관세음보살. 유튜브불교대학 시청자 여러분, 반갑습니다. 오늘은 '경전을 독송할 때는 모든 감각기관을 총동원하라'라는 주제로 말씀을 드리겠습니다.

혜선 불자님의 질문입니다.

"스님, 집에서 경전 독송을 할 때 소리 내어서 읽어야 하나요? 눈으로만 읽으면 안 될까요?"

우리가 명상한다고 하는데, 이 명상을 다른 말로 수행이라 해도 됩니다.

수행은 다섯 가지로 나누어 볼 수 있습니다. 5대 수행이라 하면, 화두선(話頭禪)인 참선과, 비빠사나인 정근, 독송, 사경, 절입니다. 대부분의 불자들은 이 다섯 가지 수행을 함께 합니다. 어쩌면, 이 다섯 가지 수행은 '공통분모적 성격이 있다'라고 볼 수 있습니다.

그런데 제가 여기서 하나, 권유해서 말씀드린다면 다섯 가지 수행을 골고루 하시는 것은 좋은데 다섯 가지 과목 중에서 특별히 한 과목을 정해서 전체 기도 분량의 한 80퍼센트는 하셨으면 좋겠습니다. 여러 수행을 하되 본인이 특히 참선이 좋다면 참선을 한 80퍼센트 하고, 만약 본인이 관세음보살 정근을 좋아한다면 다른 수행을 겸해서 하되 관세음보살 정근을 80퍼센트 정도로 비중을 크게 두라, 집중적으로 많이 좀 하시라는 말씀입니다.

아마 질문하신 분은 독송 수행을 아직은 익숙하게 하시지는 않는 것 같습니다. 그래서 좀 더 자세하게 말씀을 드릴까 합니다.

독송은 여섯 가지 감각기관을 총동원하면 좋습니다. 여섯 가지 감각기관이라는 것은 '안(眼), 이(耳), 비(鼻), 설(舌), 신(身), 의(意)'를 말합니다. 즉 눈, 귀, 코, 혀, 몸, 생각, 이렇게 여섯 가지입니다. 반야심경에서도 '무안이비설신의(無眼耳鼻舌身意)'라고 해서 나오지 않습니까? 바로 이 여섯 가지 감각기관을 총동원한다면 독송 수행이 훨씬 더 잘 된다는 말입니다.

여섯 가지 감각기관을 '인식의 뿌리'라 하여 육근(六根)이라 합니다. 그러니까 여섯 가지 감각기관을 동원한다는 것은 바로 우리의 근본, 우리의 뿌리를 더 튼튼히 하는 것이다, 이렇게 볼 수도 있겠습니다. 안이비설신의

> 눈으로만 독송을 해도 되지만 소리를 들으면서
> 소리를 내면서 하면 독송 수행의 몰입도 달라집니다

라고 하는 이 육근을 잘못 사용하면 크게 악업을 짓게 되지만, 육근을 잘만 사용하면 선업도 짓게 되고 깨달음도 성취할 수 있습니다. 그래서 육근을 총동원하는 독송 수행은 다른 수행보다 좀 더 특별한 장점이 있는 것도 사실입니다.

다섯 가지 수행 중에서 육근을 가장 많이 사용하는 것이 독송 수행입니다. 독송 수행은 눈으로는 경전을 보면서 하고, 유튜브 등 소리 나는 것을 통해서 경전 말씀을 들으면서도 하게 되고, 경전의 향내를 맡으면서 하게 되고, 입으로 경전을 독송하는 자체가 바로 법의 맛을 느끼면서 하는 것이지요. 또 경전을 대하면서 자세를 아주 반듯하게 똑바로 해서 함으로 그 자체로 수행이 되고, 생각으로 경전의 뜻을 새기게 됩니다. 이처럼 독송 수행은 말 그대로 육근의 모든 기관을 총동원하는 수행이 됩니다. 그래서 독송은 진짜 좋은 수행입니다.

독송을 눈으로만 하면 안 되느냐, 눈으로만 해도 공덕이 됨은 틀림없는 사실입니다. 하지만, 여건이 된다면 입으로도 하십시오. 입뿐만 아니라 육근을 다 동원하는 것이 좋습니다. 육근의 인식기관을 모두 다 동원한다면 훨씬 더 집중력 있게 할 수 있습니다.

　만약 금강경 독송을 한다고 하면, 유튜브에서 '우학스님 금강경'을 찾아서 틀어놓고, 입으로 크게 따라 하면서 뜻도 생각하는 등 모든 감각기관을 동원해서 독송 수행을 하시라는 것입니다. 이처럼 안이비설신의 여섯 가지 기관을 총동원한다면 그보다 더 좋은 수행이 없겠습니다. 특히, 유튜브를 통해 금강경 등 경전을 들으면서 독송하면 이근(耳根)이 발달 되어서 기도가 아주 잘 되고, 몰입하여 기도할 수 있습니다. 꼭 들으면서 독송하는 것을 권해 드립니다.

　다시 말씀드립니다. 우리가 눈으로만 독송을 해도 되기는 합니다. 절대 안 되는 것은 아닙니다. 눈으로만 쭉 읽으셔도 되지만, 소리를 들으면서 본인이 직접 소리를 내면서 한다면 독송 수행에 있어 몰입도 잘 되고 졸음도 쫓을 수가 있는 등 훨씬 좋다는 것입니다.

　그리고 독송 수행을 하는 분들께 제가 한 가지 덧붙여 말씀드리겠습니다. 독송 수행을 하시는 분들은 분량을 정해 놓고 하는 것이 좋습니다. '금강경을 매일 3독 하겠다' 라고 마음을 먹었다면, 꼭 하루에 3독을 하셔야 합니다. '매일 금강경을 꼭 2시간은 해야겠다' 라고 생각을 했다면, 매일 2시간이라는 그 시간을 꼭 지키시라는 겁니다. 그것이 바로 분량을 잘 지키면서 수행하는 것이 됩니다. 다시 정리하면, 금강경의 횟수를 정해 놓고 하든지, 전체 시간을 정해 놓고 하든지, 꼭 분량을 정해 놓고 하시길 권해 드립니다.

금강경 등 경전을 독송하는 수행은 육근을 총동원하는 수행이므로 다른 여타 네 가지 수행보다도 훨씬 더 장점이 있는 수행이라고 볼 수 있습니다. 경전을 독송하는 독송 수행을 함에 있어서는 모든 감각기관을 총동원하라, 그리하면 훨씬 더 몰입을 잘 할 수 있고, 훨씬 더 깊이 있게 참나를 찾아가는 여정이 될 것입니다.

내일 다시 뵙겠습니다.
관세음보살

無一우학
說法大典

140
공양 올리는 정성대로 일이 이루어진다

2020. 07. 16. 대구큰절 옥불보전

 관세음보살. 유튜브불교대학 시청자 여러분, 반갑습니다. 오늘은 '공양 올리는 정성대로 일이 이루어진다' 라는 제목으로 말씀을 드리겠습니다.

박별 불자님의 질문입니다.

"스님, 저는 10년 넘게 부처님 사진을 걸어놓고 아침저녁으로 기도를 하고 있습니다. 다음 시간에는 어떤 식으로 기도를 하면 되는지 가르쳐 주시면 정말 감사하겠습니다. 집에서 기도할 때 법수를 떠 놓고, 향도 피워도 되는지요? 너무 궁금합니다. 늘 이렇게 해왔었는데, 누가 집에서는 법수를 떠 놓고 향을 피우면 안 된다고 해서 어느 날부터는 그냥 기도만 하고 있습니다. 좋은 말씀 부탁드립니다."

불자님이 말씀하신 법수는 아마도 청수를 말하는 것 같습니다. 우리 불교인들은 상대에게 별 도움도 안 되면서 많은 훈수를 둡니다. 그래서 '이것도 안 된다, 저것도 안 된다' 라고 하면서 잘하고 있는 사람의 신심을 꺾는 수가 많습니다. 이 방송을 듣는 불자들은 경전에 근거하지 않고, 자기 식대로 판단해서 남의 기도와 수행에 '감 놔라, 배 놔라' 하는 구업(口業)을 짓는 일이 없기를 바랍니다.

정통 종단, 정통 정법 스님들의 말만 참고해야지, 어설픈 불자들의 말을 듣다가는 아무것도 못합니다. 그런데 그런 경우가 아주 많습니다. 질문처럼 특히 집에서 기도 수행하는 것에 대해 말들이 참으로 많습니다. 그 점에 대해서 구체적으로 답변드리겠습니다.

예로부터 우리 절집에는 '육법공양(六法供養)'이라는 것이 있습니다. 육법공양이란 여섯 가지의 의미 있는 공양을 말합니다. 구체적으로 향공양, 등공양, 꽃공양, 과일공양, 차공양, 쌀공양 이렇게 여섯 가지입니다.

의미 있는 공양이라 했으니 그 의미를 잠시 말씀드리면, 향공양에는 해탈(解脫)의 의미가 있습니다. 고체의 향이 훌, 훌 연기가 돼서 날아가니 말 그대로 해탈의 의미가 있는 것입니다.

둘째, 등공양입니다. 등은 밝음을 나타내는 것이므로 지혜(智慧)의 의미가 있습니다. 지혜의 의미로 등 공양을 올리게 됩니다.

셋째로, 꽃공양입니다. 한 송이 꽃을 피우기 위해서 꽃은 인고의 세월을 견뎌냅니다. 그러므로 꽃 공양에는 만행(萬行)의 의미가 있습니다.

넷째로, 과일공양입니다. 과일은 열매, 결실을 나타냅니다. 불교에서 말하는 보리(菩提), 깨달음, 그러한 의미를 담고 있습니다.

다섯째로, 차(茶)공양입니다. 차공양은 청수(淸水) 공양이라고도 합니다. 차를 달여서 올리기도 하지만, 차 한 잔, 맑은 물 한 잔을 잘 올리는 것도 큰 공양입니다. 이 맑은 물이나 차는 '갈증을 해결한다' 라는 뜻으로 '단이슬 물' 이라 하여, 즉 감로(甘露)의 의미를 가지고 있습니다. 다시 말씀드립니다. 차 또는 청수는 갈증을 해결한다는 의미로 감로, 단이슬이라 말합니다.

여섯째로, 쌀공양입니다. 농부 입장에서 쌀은 선열, 기쁨을 나타냅니다. 쌀공양을 올린다는 의미는 바로 '선열(禪悅)', '법을 통한 환희', '법을 통한 기쁨' 을 직접적으로 나타낸다고 볼 수 있습니다.

공양은 나의 마음 정성을 다 바쳐서 하므로
공양 올리는 정성 자체가 기도입니다

　이처럼 향, 등, 꽃, 과일, 차, 쌀, 여섯 가지의 공양은 각각 다 나름의 의미가 있어서 예로부터 부처님 전에 육법공양을 많이들 올려왔습니다.
　절에서 올리는 여섯 가지 공양은 가정집에서도 얼마든지 올릴 수가 있습니다. 조금 번거롭고, 공양 올리는 것이 좀 피곤하고, 힘들어서 안 올리는 것뿐 입니다. 만일 집에 부처님 사진이 있거나, 부처님상이 있어서 부처님 전에 공양을 올리고 싶다면 올리면 좋습니다.
　그런데 이런 공양물을 올리는 것을 두고, 일부 불자들이 말을 많이 하는 것이 사실입니다. '집에서는 그런 것 하면 안 된다' 라고 하는데, 집에서 부처님 사진이라도 모셔 놓고, 기도를 할 때 공양물을 올린다고 해서 그것이 흠이 된다는 얘기는 정통 불교 입장에서는 말이 안 되는 것입니다.
　요즘은 가정마다 작은 법당을 차려 놓고 기도하는 수가 많습니다. 한국불교대학에서도 '정토 가정 법당' 이라고 해서 '집 안에 가정 법당을 하나 꾸리자' 라는 운동을 벌인 적도 있고, 지금도 진행 중입니다.

이렇게 법당처럼 꾸며 놓고 작은 부처님상을 모셔뒀거나, 부처님 사진이 모셔져 있다면 그곳은 법당입니다. 그러므로 거기서 기도할 때 본인이 올리고 싶은 것은 다 올리시면 됩니다. 공양물을 올리는데 '이것은 되고, 저것은 안 된다' 그런 것은 없습니다. 그래서 본인이 향을 피우고 싶으면 향 피우면 되고, 촛불을 켜고 싶으면 촛불을 켜시면 됩니다. 차를 달여서 올리는 차 공양, 차 공양이 힘들면 맑은 물 한 잔도 좋고, 석간수를 받아도 좋고, 일찍이 받은 물을 잘 정제해서 정성껏 올려도 좋습니다. 어쨌든 그냥 대충 앉아서 기도하는 것보다 훨씬 더 정성이 들어갈 것입니다.

생각을 한번 해 보십시오. 기도를 정성스럽게 하려고 육법공양을 올리는 것인데, '그것이 좋다, 나쁘다' 훈수를 둘 이유가 전혀 없는 것입니다. 본인이 하고 싶으면 그대로 올리시면 됩니다. 쌀을 올리고 싶다, 그러면 쌀을 정성껏 공양 올리십시오. 그것으로 밥을 해 먹어도 되고, 아니면 따로 봉지에 잘 모아 놨다가 나중에 절에 올 때, 절에 계신 부처님 전에 올리면 그 얼마나 더 큰 공양이 되겠습니까? 자신의 집에서 공양을 올렸던 공양물을 잘 모아서 절에 가져와서 부처님 전에 또 올렸다면 이것은 이중 공양을 한 것이지요.

과일도 마찬가지입니다. '과일을 부처님 전에 올려야겠다' 하는 마음이 들면, 정성껏 올리시면 됩니다. 올렸다가 내려서 가족들이랑 먹어도 되고, 이웃에 나눠줘도 됩니다. 이렇게 공양물에 대해서는 그 어떤 마음에 거리낌 없이 정성껏 올리시면 됩니다.

금전공양도 마찬가지입니다. 매일매일 자기 집에서 부처님 전에 공양 삼아 금전을 올릴 수 있습니다. 그것이 일주일이든 한 달이든 지나 모인 공양금을 다시 봉투에 잘 담아서, 절에 왔을 때 부처님 전에 예경하고 불전함에 넣으시면 됩니다. 그것 또한 이중 공양이 되는 것입니다.

공양에 대해서 이러쿵 저러쿵 할 것이 없습니다. 중요한 것은 정성입니다. 그리고 회향을 반듯하게 하면 됩니다. 집에서 부처님 앞에 공양을 올리는 것에 있어 '어떤 공양은 되고, 어떤 공양은 안 된다' 그런 것은 없습니다. 집에서는 그런 것을 하면 안 된다고 하지만, 그런 것은 절대 있을 수 없는 일입니다.

제가 다시 중언부언해서 말씀드립니다.

공양은 수행을 좀 더 집중력 있게, 아주 밀도 있게 할 수 있는 분위기 조성에도 도움이 됩니다. 또 공양은 나의 마음 정성을 다 바쳐서 하는 것이므로 공양 올리는 정성 자체가 기도가 됩니다. 그래서 공양 올리는 그 기도를 잘 응용하실 필요가 있다는 생각이 듭니다.

올린 공양물은 본인이 알아서 적당히 잘 쓰면 되고요. 금전이나 쌀은 절 부처님께 가지고 와서 올리신다면 이중 공양이 되는 것이므로 더욱더 좋겠습니다. 할 수 없어서 그렇지, 할 수만 있다면 집에 모신 부처님에게 공양 올리는 것은 나쁠 것이 전혀 없습니다.

다시 말씀드립니다.

공양 올리는 정성대로 일이 이루어지는 것이므로 공양은 어떤 공양이든지 정성껏 올리시면 됩니다. 그리고 집에 계시는 부처님이라 할지라도 절 부처님과 전혀 다를 바가 없으므로, 집에 계신 부처님에게 공양 올리는 것은 절에 부처님께 올리는 공양만큼 중요하다, 그렇게 생각하시면서 늘 정성스러운 공양을 올리면 좋겠습니다.

만일 '나는 지금까지 그렇게 번거롭게 공양을 올리거나 하지는 않았지만, 기도가 잘 되었다'라고 하는 분도 계실 겁니다. 그런 분은 지금까지 해오던 대로 쭉 하면 됩니다. '스님께서 저렇게 말씀하시는데 공양을 꼭 올려야 되나? 과일 공양이고 뭐고 다 올려야 하나?' 또 '아침마다 청수를 떠서 올려야 하나, 차를 달여서 올려야 하나?' 이렇게 고민하실 필요는 없습니다. 지금까지 집에 부처님 사진 걸어 놓은 그 앞에서, 또는 가정 법당에 앉아 기도하실 때 집중도 잘 되고, 아침에 일어나서 세면하고 딱 앉으면 집중과 몰입이 아주 잘 되었다면, 하시던 대로 하시면 됩니다. 제 얘기를 듣고 '나도 과일 공양이라도 올려야 되나?' 싶어서, 마음에 큰 부담과 짐을 가지고 공양을 올리면, 그것은 또 안 될 일입니다.

본인이 정말 공양을 올리고 싶다는 마음이 들 때는 올리면 되지만, 억지로 공양을 올려서는 안 됩니다. 그냥 하시던 대로 쭉 하시면 됩니다. '정말 스님의 얘기가 참 일리가 있다. 그러면 나는 매일 천 원이든 이천 원이든

집에 모신 부처님께 금전 공양을 올렸다가, 절에 갈 때 가져가서 불전함에 잘 넣어야지' 라는 생각이 든다면, 그렇게 하면 됩니다. 공양을 올리는 것에 너무 부담을 갖지 마십시오. 공양은 말 그대로 공양 자체가 기도입니다. 그저 본인의 마음이 쓰이는 대로 하시면 되겠습니다.

  오늘 말씀드린 것은 지금까지 공양물을 내 나름대로 정성껏 올리고 있었는데, 주변에 옆에서 자꾸 다른 소리를 하고, 여러 가지 잡음을 넣는 경우에 대한 것이었습니다. 혹여나 그런 말을 들었던 분들이 있다면 너무 개의치 마시고, 지금껏 하던 대로 정성껏 공양을 올리시면 되겠습니다.

 내일 다시 뵙겠습니다.
관세음보살

141
목탁 귀가 밝아야 한다
목탁 배우기

2020. 07. 17. 대구큰절 옥불보전

※ 이 설법에서는 글로 옮기기가 힘든 부분이 있습니다. 유튜브불교대학에서 해당 영상을 통해 우학 스님의 목탁 시범을 직접 시청하시기를 권해 드립니다.

관세음보살. 유튜브불교대학 시청자 여러분, 반갑습니다. 오늘은 특별한 시간입니다. '불자는 목탁 귀가 밝아야 한다' 라는 제목으로, 목탁 치는 법까지 말씀을 드리겠습니다.

절에서는 목탁 소리를 잘 들어야 합니다. 목탁 소리, 목탁 귀가 밝아야지 얻어먹을 것도 얻어먹습니다.

'내림목탁'이라 해서 목탁이 높은 데서 가는 목탁으로 뚜욱 한번 떨어지면, 밥 먹는 시간, 공양 시간입니다. 간식을 먹든지 뭘 먹든지 간에 먹는 시간을 알리는 것입니다. 어느 도량에 갔는데 길게 목탁이 한번 떨어지는 소리가 들리면, '공양 시간, 간식 먹는 시간이구나' 이렇게 생각하시면 됩니다. 그 소리를 듣고 잘 찾아가면 먹을 게 생깁니다.

제가 내림목탁을 한번 쳐 보겠습니다.

(※ 영상 참조)

이렇게 높은 음에서 낮은 음으로 떨어지는 목탁을 내림목탁이라 합니다. 이 내림목탁이 한 번 쳐 지면, 먹을 게 나오는 목탁입니다.

내림목탁을 두 번 치는 경우입니다.

(※ 영상 참조)

내림목탁이 두 번 쳐 지면, '울력 시간'이라는 것을 아셔야 합니다. 만약 울력목탁을 쳤는데 스님들이 안 나오면, 안 나오는 스님은 찍히는 것입니다. 먹는 목탁은 잘 들리는데 울력목탁은 안 들린다면, 그것은 너무 이기적이잖아요? 그래서 울력목탁에 열외 없이 다 나와야지 대중이 다 편안합니다.

내림목탁을 세 번 치는 경우입니다.

(※ 영상 참조)

조용하던 절에서 내림목탁이 세 번 울리면, 스님들이 모이는 신호입니다. '다 모여라' 하는 의미입니다. 두 번 목탁은 아니니까 울력도 아니고, 한 번도 아니니까 먹는 시간도 아니고, 바로 회의나 급하게 대중을 모으는 신호가 세 번 내림목탁입니다.

신도님들 중에도 이미 목탁을 칠 줄 아시는 분도 있습니다. 한국불교대학으로 치면 연화봉사단이나 포교사

단과 같은 단체의 회원들, 또 각 절의 임원진들 중 목탁 치는 분들이 더러 있어요. 그런데 목탁을 치는 걸 보면 조금 서투르고, 또 정통적이지 못해요. 그래서 잠깐이나마 시연을 해 볼 테니까 잘 보시고 이미 배우신 분들도 고칠 건 고치시길 바랍니다.

목탁을 치는 것에는 크게 네 가지 정도 됩니다.

첫 번째, 앞서 보여드렸던 '내림목탁'이 있습니다.
두 번째, '올림목탁'이 있습니다. 사실 이 올림목탁은 신도들은 잘 모르셔도 됩니다. 올림목탁은 주로 아침 도량석 할 때 칩니다. 잠시 한번 보여 드리겠습니다.

(※ 영상 참조)

목탁을 치면서 염불을 좀 느리게 하고, 낙숫물 뜯듯이 띄엄띄엄 목탁을 치면서 도량을 돌면, 그게 아침 도량석입니다.

세 번째, 독송할 때 치는 목탁입니다. '일자목탁' 또는 '독송목탁'이라고도 볼 수 있습니다.

(※ 영상 참조)

목탁을 '딱, 딱, 딱, 딱' 칠 때 이것은 한 박, 한 박, 한 박, 한 박입니다. 제가 손에 목탁을 쥐고 있는 상태라 마이크가 없어서 말로 못했는데, 이렇게 목탁을 치면서 박자에 맞추어서 말로 "수리 수리 마하수리 수수리 사바하…" 하면 됩니다. 이 목탁이 음악으로 말하자면 악기 역할도 합니다. 목탁 자체가 신성한 법구가 되기도 하고, 전체 대중을 이끌어 가는, 전체 대중의 입을 잘 조화시키는 악기 역할도 한다는 말입니다. 그러니까 목탁 소리에 잘 맞추어서 염불을 해야 합니다. 그리고 목탁을 치는 사람도 대중들이 잘 따라올 수 있도록 정통적으로 또박또박 잘 쳐야지, 목탁을 잘못 치면 전체 염불 톤이 다 깨집니다.

네 번째, '정근목탁'이 있습니다. 정근은 부처님 명호를 계속 반복하여 부르는 것을 말합니다. 관음정근의 경우 "관세음보살, 관세음보살, 관세음보살, 관세음보살…" 이렇게 관세음보살의 명호를 계속 반복해서 부르면서 삼매에 들어갑니다. 정근목탁은 조금 다릅니다.

(※ 영상 참조)

직접 실습을 못 해 드려서 참 안타깝습니다. 그래도 제가 치는 것을 잘 보셨을 것입니다. 보는 것만 해도 절반 공부는 된 것입니다.

스님들이 재를 지낼 때는 목탁과 함께 요령도 흔듭니다. 요령을 잠시 보여드리겠습니다. 요령은 흔들기가 힘들어요. '요령 있게 해라'라고 할 때의 요령이 불교의 법구인 요령에서 나왔다는 말도 있습니다. 제가 잠시 요령을 흔들어 보겠습니다.

(※ 영상 참조)

의식에서 이 요령과 목탁이 함께 동원될 때 요령을 쥔 스님을 '법주(法主)'라고 합니다. 법주는 의식을 리드하는 주인공입니다. 그리고 목탁을 치는 스님을 '바라지'라고 합니다. 뒷바라지라는 말이 있지요. 그래서 '바라지 스님'이라 말합니다. 의식할 때는 두 스님이 조화가 잘 맞아야 합니다. 요령을 흔드는 법주 스님과 목탁을 치는 바라지 스님, 이 두 스님의 리드에 따라서 전체 모인 신도들의 독송 소리 또는 염불 소리가 화음이 잘 맞게 되는 것입니다.

다시 말씀드립니다.

불자는 목탁 귀가 밝아야 합니다. 목탁 소리를 잘 들음으로써 기도를 깊이 있게 삼매에 들어서 잘 할 수가 있습니다. 반드시 목탁 소리에 맞추어서 염불을 해야 하는데, 스님의 목탁 소리는 아랑곳하지 않고 멋대로 막 한다면, 전체 기도 분위기를 망치게 됩니다.

목탁은 목탁 채와 목탁이 닿는 부위에 따라서 소리가 다릅니다. 제가 치는 목탁이 소리가 가장 맑고 크게, 그리고 목탁도 상하지 않도록 치는 방법입니다. 그리고 제가 목탁을 왼손에 잡고서 칠 때 잘 보시면, 목탁이 조금씩 진동합니다. 목탁을 너무 꽉 쥐면 안 돼요. 재가자들이 칠 때 목탁을 너무 꽉 쥐어서 소리가 죽습니다. 또 쥐고 있는 목탁 채도 아주 가볍게 잡아야 합니다. 꽉 쥐면 안 됩니다. 후일 여건이 되면, 한국불교대학 大관음사 세계명상센터가 있는 감포도량에서 목탁을 들고 실습을 한번 하도록 하겠습니다.

요즘은 목탁 치는 것이 불자로서 상식일 수 있고, 특히 듣는 것은 상식이 되어야 합니다. 목탁 소리를 못 들으면 염불도 안 됩니다.

마지막으로 '내림목탁', '독송목탁', '정근목탁' 이 세 목탁을 한 번 더 시연해 보이고 마치겠습니다. 제가 목탁을 어떻게 쥐었는지, 그리고 목탁의 어느 부분을 치는지 잘 보시기 바랍니다.

(※ 영상 참조)

절에서 목탁은 신성한 법구이면서, 음악으로 말하면 악기 같은 것입니다. 그러므로 목탁을 막 내던지거나 함부로 발로 차거나 하면 절대 안 됩니다.

내일 다시 뵙겠습니다.
관세음보살

참고하시면 좋은 법문
＊재가 신도가 목탁을 쳐도 되나요? (설법대전 7)

無一우학
說法大典

142
종교가 다른 조상은
더욱 잘 천도해 드려라

2020. 07. 18. 대구큰절 옥불보전

 관세음보살. 유튜브불교대학 시청자 여러분, 반갑습니다. 오늘은 '종교가 다른 조상은 더욱더 잘 천도해 드려라'라는 주제로 말씀을 드리겠습니다.

박종숙 불자님의 편지입니다.

"스님, 저는 자식들이 부처님 말씀을 들을 수 있도록, 불자가 되도록 기도드리고 있습니다. 지금은 종교가 다르거든요.

2004년에 친정어머니 장례를 기독교식으로 치르고, 오빠가 유골을 산에 뿌렸습니다. 스님의 말씀대로 친정 부모님을 영구위패로 모셔도 되는지요? 또, 제가 병중이라 올해는 부모님 기제사를 못 지냈습니다. 주변에서는 아프니 안 지내도 된다고는 하는데 마음이 좀 불편합니다. 만약 친정 부모님의 영구위패를 모시면 시부모님도 그렇게 해 드려야 하는지요?"

제가 단도직입적으로 말씀드리면 기제사는 반드시 지내드리는 것이 좋습니다. 따님의 입장에서 지금까지는 잘해 오신 것 같습니다.

그런데 본인의 몸이 많이 안 좋으셔서 애로사항이 있다고 하시는데, 제사를 너무 어렵게 생각하시면 안 됩니다. 그냥 삼색 나물, 삼색 과일 정도 준비하시면 됩니다. 즉, 세 가지 나물, 세 가지 과일을 조금씩만 준비를 해서 간단하게 제사를 모셔 드리면 됩니다. 돌아가신 부모님께서는 제사를 지내는 정성을 보시는 것이지, 제사상의 양을 보시지는 않습니다.

만일 그렇게 간단한 제사라도 힘드시면, 다니시는 절 또는 가까운 절에 제사를 부탁하여 모시는 것도 좋습니다. 제사 돌아오기 며칠 전에 종무소에 전화 해서 부탁을 하면 절에서 알아서 다 해 드릴 겁니다.

요즘은 제사가 번거롭다, 제사가 귀찮다고 해서, 불교를 잘 믿다가 다른 종교로 옮겨 가는 사람이 많다는 얘기를 들었습니다. 이는 참으로 크게 통탄할 일입니다. 선망부모 조상을 굶겨 가면서 자기 일신의 편한 것만을 도모한다면, 이보다 더 해괴한 일이 또 있겠습니까? 그렇게 해서는 조상의 음덕(蔭德)을 못 입는 것은 말할 것도 없고, 그렇게 해서 다른 종교로 간다면 그 종교의 신이 달갑게 받아들이지 않을 것입니다. 한마디로 다른 종교의 가피도 입을 수 없다는 말입니다. 만일 집에서 제사를 지내는 것이 힘들어서 개종을 할 정도라면, 개종을 할 것이 아니라 제사를 절에 맡겨서 지내면 됩니다. 아주 간단합니다.

그리고 지금까지 모시던 제사에 대해 본인의 사후에 어떻게 하나, 걱정이 된다면 영구위패로 모셔 드리면 됩니다. 절에 영구위패를 모셔 놓으면 지장 재일 때도 축원해 드리고, 백중 때도 축원해 드리고, 기재일이 돌아오면 또 축원해 드립니다. 영구위패를 모시는 것은 그 조상을 영원히 절에 잘 모셔 드리는 일이 되므로 이보다 더 간단한 방법은 없다고 봅니다[1].

또, '친정 부모님을 영구위패로 모실 경우 시댁 부모님도 같이 모셔야 합니까?' 이렇게 질문을 하셨는데, 만일 경제적 사정이 된다면 양쪽 부모님을 다 모시면 더할 나위 없이 좋겠습니다. 그런데 경제 사정이 안 된다면, 지금 본인이 제사를 맡고 있는 부분은 친정 부모님이라 하셨으니, 친정 부모님을 정성껏 모셔 드리십시오. 시댁 부모님은 분명히 다른 분들이 제사를 지내고 있을 것 같습니다. 그러면 거기까지는 신경을 안 쓰셔도 됩니다. 만일 경제적 여유가 된다면 같이 모셔 드리면 좋겠지만, 그렇지 않다면 친정 부모님만 모셔도 무방하겠습니다.

저는 세속에서 장손이었습니다. 그런데 출가를 했어도 부모님께서 돌아가시면서 저에게 제사를 부탁하셨습니다. 그래서 제가 4대 조부모님의 제사를 절에서 정성껏 잘 모시고 있습니다. 그러면 백중 때도 기도가 되고, 지장재일 때도 기도가 됩니다. 또 기재일이 돌아오면 반드시 잘 챙겨서 절에서 하는 대로 제사를 잘 지내 드립니다. 그리고 가까운 친척이나 관계되는 가족들이 절에 와서 잔을 올리며 동참을 합니다. 이처럼 절에서 제사를 지내면 제사 음식을 장만해야 하는 번거로움이 없어집니다. 그러므로 제사 문제 때문에 개종한다는 핑계를 댈 수 없는 것입니다.

그리고 '돌아가신 영가가 다른 종교를 믿고 돌아가셨습니다. 그리고 그때 당시 다른 가족이 주선해서 기독교식으로 장례를 치렀는데, 이런 경우에도 절에서 제사를 지내거나 영구위패를 모셔도 괜찮습니까? 라는 질문이 있었습니다.

 그것은 전혀 문제 되지 않습니다. 우리 중생들의 삶은 죽어서나 살아서나 다 무명(無明)에 싸여서 갈팡질팡합니다. 어느 것이 정법(正法)인지 어느 것이 사법(邪法)인지도 모르면서 그저 살고 있는 것입니다. 영가도 역시 마찬가지입니다. 다른 종교를 믿었던 사람이 비록 죽은 이후이지만 참으로 다행스럽게도 부처님 정법을 만날 기회가 온 것입니다. 저는 불교가 아닌 다른 종교인들이 절에 영구위패로 모셔지거나 제사로 오시게 된다면, 오히려 영가는 정법을 만나는 인연이 되므로 영가로서는 아주 좋은 기회가 되지 않을까 생각합니다.

 다시 말씀드립니다.

 종교가 다를수록 정법의 문에서는 깨우칠 수 있는 기회가 온 것입니다. 그래서 종교가 다를수록 그 영가가 정법의 도량, 불(佛) 도량에 오시게 되면 편안한 마음을 가질 수도 있고요. 또 깨우침을 얻어서 미혹의 구름을 다 벗어 던지고, 좋은 세상으로 가시지 않을까 생각합니다.

종교와 관계없이 정성만 지극하다면 어떤 경우라도 절에 모시고, 절에서 제사를 지내고 영구위패를 모신다면 좋은 일이 되겠습니다.

 내일 다시 뵙겠습니다.
관세음보살

참고하시면 좋은 법문
(1) 진짜 간편하게 조상 잘 모시는 법 (설법대전 6)

無一우학
說法大典

143
불자가 되는 첫 관문
수계(受戒)

2020. 07. 19. 대구큰절 옥불보전

 관세음보살. 유튜브불교대학 시청자 여러분, 반갑습니다.

유튜브불교대학 시청자 여러분들께서 많이 성원해 주시고, 포교해 주신 덕분에 유튜브불교대학이 4만 구독자를 향해서 가고 있습니다. 앞으로 10만 구독자, 100만 구독자가 된다면, 이 세상에 조금은 불국토의 빛깔이 나타나지 않을까 생각합니다. 이 방송은 다른 여느 방송과는 성격이 조금 다릅니다. 부처님의 말씀, 불음(佛音)을 세계만방에 펼쳐서, 이 세상을 부처님 향기가 나는 세상으로 만들고자 하는 발원에서 시작하였습니다. 다들 협조해 주시면 감사하겠습니다. 특히 가족들, 자식들에게 포교를 해서 유튜브불교대학을 듣고 구독할 수 있도록 애써 주시면 더욱 감사하겠습니다.

오늘은 '불자가 되는 첫 관문, 수계(受戒)'에 대해서 말씀드리겠습니다.

먼저, 질문 내용을 그대로 한번 읽어보겠습니다.

"스님, 불교방송인지 불교텔레비전인지 보다 보니, 팔에 향으로 점 찍듯이 하는 게 있더라고요. 도대체 그게

내 몸과 마음을 다 태워서라도
부처님의 법을 지키고 계를 잘 지키겠습니다

뭔가요? 저는 집에서 혼자 염불만 독송하는 사람입니다. 불자라고 도장 받는 건가요? 저도 받을 수 있나요?"

TV에서 보신 것은 수계(受戒) 장면입니다. 수계의 한자를 보면, '받을 수(受)'자에 '계율 계(戒)'자입니다. 즉, '계를 받다'라는 뜻입니다. 이 계(戒)에는 '근본오계(根本五戒)', '보살계 십중대계(十重大戒),' '보살계 사십팔경계(四十八輕戒)'라는 48가지 가벼운 계가 있습니다.

근본오계는 다 알다시피 '살(殺), 도(盜), 음(淫), 망(妄), 주(酒)'입니다. 첫 번째는 살생하지 말고 방생하라, 두 번째는 도둑질하지 말고 보시하라, 세 번째는 사음하지 말고 청정행을 지켜라, 네 번째는 거짓을 말하지 말고 바른말을 하라, 다섯 번째는 술로써 허물 짓지 말고 늘 깨어 있으라, 이렇게 다섯 가지가 근본오계입니다. 불자로서 계를 받게 되면, 이 근본오계를 수지 하게 되는 것입니다.

계는 어떤 절차를 통해 반드시 받아 지니도록 되어 있습니다. 그래서 계율을 받는다고 해서 수계라고 하고,

수계의식을 통해 수계를 해야 수계증(受戒證)도 받고, 드디어 진정한 불자가 되는 것입니다. 일반 사람이 수계를 함으로써 드디어 불자가 되는데, 불자가 되었다고 하는 신표가 바로 수계증입니다. 불자라면 반드시 수계증이 있어야 합니다.

이 수계증은 젊은 사람들이 취직을 하는 데도 더러 필요할 때가 있습니다. 불교 관계의 복지시설이나 교육기관에서 새로운 직원을 채용할 때 수계증을 요구하기도 합니다. '수계증이 있는가?', '수계를 한 적이 있는가?'라고 묻기도 합니다. 동국대학교, 중앙승가대학교에서는 인재를 채용할 때 반드시 수계증이 있는지를 봅니다. 그때 수계증이 있으면 가산점을 받을 수가 있습니다.

"학교 공부도 다 끝났고, 나이가 많은데 수계증이 필요하겠습니까?"라고 질문하실 수도 있습니다. 그런데 수계를 하는 것과 수계를 하지 않는 것은 그 마음을 씀에 있어서 천양지차입니다. 수계를 하면 마음이 전혀 새로워집니다. 말 그대로 새로 태어난 것 같은 그런 기분입니다. 그러므로 진실한 불자가 되고자 하는 사람은 반드시 절에 가서 계를 받으셔야 합니다. 반드시 수계 해야 합니다. 그래서 수계증을 잘 간직하고 있다가 후일 돌아가실 때, 관 속에 수계증을 잘 넣어 가시기 바랍니다.

한편, 수계의식을 할 때 가장 하이라이트가 무엇인가, 연비(燃臂)입니다. 한자로는 '태울 연(燃)' 자, '팔 비(臂)' 자입니다. 즉, 팔을 태우는 의식이 연비의식입니다. 연비의식을 할 때, 향에 불을 붙여서 팔에 불침 놓듯이 놓습니다. 지금 질문하신 불자님은 아마 그것을 본 것 같습니다. 향에 불을 붙여서 팔뚝에다가 지진다고 해야 할까요? 아무튼, 불을 놓습니다. 이것은 '몸을 다 태운다'라는 상징적인 의미가 있습니다. '내 몸과 마음을 다 태워서라도 나는 부처님의 법을 지키고 계를 잘 지키겠다' 이런 각오와 서원이 연비의식에 있습니다.

이러한 연비를 해야 드디어 수계가 되는 것이고, 수계의식을 잘 마친 사람은 수계증을 받게 됩니다. 제가 생각하기에는 불교 관계의 시설에 취직하기 위해서 수계증이 필요하듯이, 염라대왕 앞에 갔을 때 더 좋은 세상에 가는 가산점을 받기 위해서도 수계증이 필요하지 않겠나 생각합니다. 왜냐하면 계를 받고 열심히 살려고 했던 사람은 아무래도 다른 사람과 좀 다르지 않겠습니까? 그것이 수계증에 나타나 있고, 또 연비 한 팔뚝의 향 흔적에 분명히 나타나기 때문에 그렇습니다. 그래서 염라대왕이 향 흔적과 수계증을 본다면 분명히 다음 세상을 결정할 때 참고할 것입니다. 이 말은 그냥 여담 같지만, 곰곰이 생각해 보면 참으로 맞는 말 같습니다.

아무튼, 아직 계를 받지 않은 불자들이 있다면, 인근 사찰에서 수계산림 할 때 동참하셔서 꼭 계를 받으시길 바랍니다. 한국불교대학 大관음사에서는 수계산림 법회가 봄에 한 번, 가을에 한 번 있습니다. 올봄에는 코로나 사태로 인해 수계산림을 못 했지만, 가을에는 꼭 할 생각입니다.

여기서 용어를 씀에 주의해야 합니다. 수계는 '받을 수(受)'자, '계율 계(戒)'자입니다. 그러므로 "수계 했느냐?" 이렇게 말해야 합니다. 또는 "계를 받았느냐?" 이렇게 말해야 합니다. 어떤 사람들은 "수계를 받았느냐?" 이렇게 말합니다. 하지만 이 말에는 '받다'라는 말이 두 번 중복되기 때문에 말하는 사람이 계를 주는 계사(戒師)가 되고 맙니다. 즉, 말에 어폐가 생긴 것입니다.

현재 불교와 관련된 기자들이 이것을 다 잘못 쓰고 있습니다. 수계를 받았다는 말은 틀린 표현입니다. 반드시 '계를 받았다' 또는 '수계 했다' 이렇게 표현해야 합니다. 유튜브불교대학 시청자들은 엘리트 불자들이 되어가는 과정이므로 용어를 씀에 있어서도 좀 분명하게 하실 필요가 있습니다.

우리는 불자로서 반드시 계를 받아야 합니다. 즉, 불자라면 반드시 수계 해야 하고, 수계증도 있어야 합니다. 조계종 신도증을 발급받는 데 있어서도 수계한 사람이라야 신도증을 발급받을 수 있습니다. 수계를 하면 그러한 이점도 있습니다.

후일 조계종 신도증은 어떻게 하면 가질 수가 있는지, 조계종 신도증을 가짐으로써 얻는 혜택(1)이 무엇인지에 대해서도 말씀을 드리도록 하겠습니다. 오늘은 수계에 대해서 말씀을 드렸습니다.

 내일 다시 뵙겠습니다.
관세음보살

참고하시면 좋은 법문

(1) 조계종 신도증을 가지면 108가지 혜택이 있다 (설법대전 8)

無一우학
說法大典

144
1인가구 시대, 불자는 혼자서도 잘살 수 있다

2020. 07. 20. 대구큰절 옥불보전

 관세음보살. 유튜브불교대학 시청자 여러분, 반갑습니다. 오늘은 '1인 가구 시대, 불자는 혼자서도 잘 살 수 있다' 라는 주제를 가지고 말씀을 드리겠습니다.

인생은 어차피 홀로 왔다가 홀로 갑니다. 그러니 혼자 있다고 너무 기죽을 이유는 없습니다. 혼자 살아감을 '싱글 라이프(Single Life)' 라고 합니다. 이 싱글 라이프의 표본이 스님입니다. 그런데 스님은 혼자 살아간다고 해서 절대 기죽지 않습니다. 어쩌면 오늘의 이 주제는 제가 가장 자신 있게 내세울 수 있는 내용이 아닌가 생각합니다.

1인 가구 시대, 혼자 살아감, 현대는 이러한 사람들이 참으로 많습니다. 통계 자료에 따르면 우리나라의 1일 가구가 600만 가구나 된다고 합니다. 앞으로는 아마 더욱더할 것입니다. 혼자 사는 것이 대세인 세월에 살고 있습니다. 이것은 부인할 수 없는 사실입니다.

혼자 사는 사연은 각각 다 다를 수 있습니다. 처음서부터 혼자일 수도 있고요. 또 결혼해서 살다가 이별이나 사별 등으로 혼자 사는 수도 있습니다. 젊은 사람들은 일부러 혼자 살기도 합니다. 그래서 '혼술', '혼밥', '혼차', '혼잠' 이러한 일들이 부끄러운 일이 아닌 세상이 되었습니다.

그래서 1인 가구 시대에 불자로서 혼자서도 잘 살 수 있는 방법을 제가 소개해 드리려 합니다. 끝까지 잘 좀 들어주시기 바랍니다.

첫째, 절대 남의 눈치를 보면 안 됩니다. 내가 혼자 사는 것에 대한 주변인의 평가에 초연해야 합니다. 또한 남과 비교하지 말아야 합니다. 세상의 주인은 바로 나입니다. 자기 삶에 있어서 주인의식을 똑똑히 가지고, 늘 자신을 대견스럽게 생각해야 합니다. 선택은 본인이 한 것이므로 아주 당당할 필요가 있습니다. 혼자 산다 해서 절대 꿀릴 일이 아닙니다.

둘째, 혼자 있는 것을 즐겨야 합니다. 혼자 있으면 오히려 좋습니다. 딴 사람의 방해를 받지 않고 할 수 있는 일이 아주 많습니다. 독서도 많이 할 수 있고, 불교적 명상도 마음껏 할 수 있고, 금강경 등 경전 염불을 할 때 아무리 고성을 질러도 시비할 사람이 없으니 참으로 좋은 것입니다. 또한 유튜브불교대학을 통해서 공부하는 것도 철야로 마음껏 할 수도 있습니다. 가끔 혼술도 할 수 있고, 너무 좋습니다. 혼자 있는 것을 즐겨야 합니다. 자신에게 불만을 가지는 사람은 바보입니다.

셋째, 불자가 혼자 잘 살기 위해서는 절과 삼보(三寶)를 의지처로 삼아야 합니다. 세상에는 믿을 사람, 믿을 곳이 흔치 않습니다. 그런데 특히나 혼자 살면 정신적 의지처가 반드시 있어야 합니다. 그러므로 절에도 잘 다니고, 불교대학에 와서 공부도 반드시 하십시오. 명상 힐링 캠프에도 가능하면 동참하시는 것이 좋습니다.

또 믿을 만한 스님 한 분을 정해서 마을상좌나 유발상좌가 되실 것을 권해 드립니다. 믿을 만한 스님을 은사로 삼아 두면 나이가 많이 들었을 때 정말 큰 의지처가 될 것입니다.

넷째, 스스로 자존감을 세워야 합니다. '내 삶은 내가 알아서 살아 간다' 이런 생각을 가지고 있어야 합니다. 그래서 스스로 운동도 많이 하고 먹는 것도 혼자 잘 챙겨 먹어야 합니다. 영양제, 특히 비타민 종류는 꼭꼭 잘 챙겨 먹으면서 자기 힘은 자기 스스로 보존해야 합니다. 스스로 관리를 잘해야지 자존감을 잃지 않습니다.

다섯째, 금전 확보는 기본으로 해 두어야 합니다. 금전에 쫓기지 않아야 여행도 할 수 있고, 시주도 할 수 있고, 좋은 일도 할 수 있습니다. 자식들에게는 죽을 때까지 어느 선 이상의 재산을 넘겨주면 안 됩니다. 반드시 어떤 선을 정해두고, 그 안에서 자식들을 배려해야 합니다.

여섯째, 건실한 도반 모임을 가지기 바랍니다. 세속의 모임은 잇속을 따지거나 자기 가족 자랑을 많이 합니다. 어떤 때는 그러한 얘기들이 듣기 싫습니다. 그런데 절에서 만난 도반은 그런 것이 훨씬 적습니다. 만나면 그냥 절 얘기, 기도 수행한 얘기 하고, 같이 봉사하면서 늘 마음 편안하게 만날 수 있습니다. 그러한 도반 모임을 하는 것이 좋습니다.

일곱째, 수행 명상을 아주 재미있게 해야 합니다. 혼자 살면 수행은 꼭 필요합니다. 제가 늘 말하는 5대 수행, 사경하고 독송하고 참선하고 정근하고 절하는 이 다섯 가지 수행을 꼭 하시기 바랍니다. 이러한 수행이 있어야 외로움을 덜 탑니다. 외롭다 싶으면 수행하면 됩니다. 수행 명상을 하면 외로움, 외로움으로 인한 스트레스가 다 날아갑니다. 그러므로 혼자 살면서는 수행 명상이 반드시 필요합니다. 스님들이 혼자 이렇게 잘 버틸 수 있는 것도 수행하기 때문에 그렇습니다.

다시 정리를 하겠습니다.

불자는 혼자서도 잘 살 수 있습니다. 그러기 위해서는 제가 제시한 일곱 가지를 잘 실천해 보시기를 바랍니다.

첫째, 절대 남의 눈치를 보지 마십시오. 남 눈치 볼 이유가 없습니다.

둘째, 혼자 있는 것을 즐기십시오.

셋째, 절과 삼보를 의지처로 삼고, 은사를 한 명 정하십시오.

넷째, 스스로 자존감을 세워야 합니다.

다섯째, 금전 확보는 기본으로 해 두십시오.

여섯째, 건실한 도반 모임을 꼭 가지십시오.

일곱째, 수행, 즉 명상을 늘 생활화해서 재미있게 하십시오.

혼자 사는 불자들은 얼마든지 여러 사람 사는 것 이상으로 더 재미있고 더 보람된 생활을 할 수 있습니다. '불교 안에 이미 다 갖추어져 있다' 이렇게 봐도 틀림이 없습니다. 그러므로 혼자 사는 우리 불자들은 열심히 살면서도 당당하고 자신감 있게 인생을 잘 펼쳐 가시기를 바랍니다.

 내일 다시 뵙겠습니다.
관세음보살

無一우학
說法大典

145
조계종 신도증 가지면 108가지 혜택이 있다

2020. 07. 21. 대구큰절 옥불보전

관세음보살. 유튜브불교대학 시청자 여러분, 반갑습니다. 오늘은 '조계종 신도증을 가지면 엄청난 혜택이 있다' 라는 주제로 말씀드리겠습니다.

질문입니다.

"스님, 조계종에서 발급하는 신도증을 가지면 입장료가 있는 사찰도 그냥 통과한다는데 맞는지요? 또 다른 혜택도 있는지요? 신도증을 만드는 데는 어떤 서류나 절차가 있는지요?"

아주 현실적인 질문을 해 오셨습니다.

현재 조계종에서는 '조계종 신도증' 을 만들어 드리고 있습니다. 신도증을 소지한 불자들에게는 많은 혜택을 드린다고 홍보하고 있는데, 108가지나 된다고 합니다. 제가 몇 가지만 예를 들어 소개해 드리겠습니다.

첫 번째, 문화재 사찰과 국립공원 문화재 구역 입장료를 면제받을 수 있습니다.

두 번째, 불교중앙박물관 및 성보박물관에 무료 또는 할인 입장이 가능합니다.

세 번째, 동국대의료원 할인 혜택을 받을 수 있습니다.

네 번째, 조계종 제휴 여행사 및 업체, 생활 체인점 등에서 구매 시 할인 혜택을 받을 수 있습니다.

이외에도 많은 혜택이 있습니다. 내용을 상세히 알고자 하는 분은 대한불교조계종 포교원 홈페이지 들어가서 보거나 직접 문의해 보시기 바랍니다. 단위 사찰에 문의해도 되겠지만 가장 정확한 것은 포교원에 문의해 보시는 것이 아닌가 생각합니다.

그렇다면 조계종 신도증을 만들기 위해서는 어떤 서류가 필요한지 말씀드리겠습니다. 신규로 등록을 하시려면 증명사진 2매가 꼭 필요합니다. 그리고 신도등록서가 있어야 하는데, 그것은 다니는 조계종 사찰에 가시면 이미 다 구비되어 있습니다. 그래서 사찰에 가서서 등록서를 받아 소정의 내용을 기재하시면 됩니다. 기재해야 할 내용 중 중요한 것은 성명, 법명(法名), 주민등록번호입니다. 법명은 꼭 기재해야 합니다. 법명은 조계종 사찰에서 수계 했다고 하는 근거가 있는 법명이어야 합니다.

다시 말해, 반드시 조계종 사찰에서 수계 해야지 법명이 나오고, 그 법명을 조계종 신도증을 신청할 때 기재해야 합니다. 그리고 교무금이 있습니다. 교무금은 신도증을 받으면서 1년에 내는 회비로써 1만 원입니다. 입장료가 3천 원에서 비싼 곳은 5천 원도 받는 데가 있더라고요. 만일 본인의 승용차를 가지고 성지순례 겸 여행 삼아 몇 군데만 왔다 갔다 해도 경제적으로 덕을 보지요. 아무튼, 맨 처음에 만 원을 내고 신도증을 신청하면, 보름에서 한 달 정도 지나면 신도증을 받을 수 있습니다.

교무금은 매년 1만 원을 내야 합니다. 신규 발급 다음 해부터 다니는 사찰에서 만 원과 함께 신도증을 주면 갱신한 것을 증명하는 스티커를 카드에 붙여드립니다. 처음 신청할 때만 내고 더 이상 교무금을 내지 않으면 108가지나 되는 혜택을 볼 수가 없어요. 1년에 만 원은 비싸지 않으니까 잊지 말고 교무금을 내서 갱신하시기 바랍니다.

"스님, 절에서는 교무금 받아서 무엇을 하지요?" 이렇게 궁금증이 생기실 수도 있습니다. 절과 포교원에서는 교무금을 포교 기금으로 씁니다. 교무금은 최소한의 비용을 받는 것 같습니다. 포교 기금으로 쓰인다고 하니, 긍정적인 생각을 가지고 이해를 해 주시면 감사하겠습니다.

제가 이 질문을 받고 더 정확하게 알기 위해서 한국불교대학 大관음사 종무 실장에게도 확인을 했습니다.

"신도증이 실질적으로 가장 도움이 되는 것에 뭐가 있는가?"

종무 실장이 말하길 "동국대학교에 입학하려면 조계종 신도증이 필요하답니다."라고 했습니다. 제가 생각하기에 이것은 아마 불교 학부 등 불교 관련 학과일 것으로 여겨집니다. 일반 학과는 아니고요. 불교 학부에 지원할 경우 신도증이 필요한 모양입니다. 그래서 고3 학생들이 신도증을 만들려고 오는 경우가 많다고 합니다. 그럴 때 써야 하는 것이므로 꼭 필요합니다. 동국대 불교 학부에 꼭 가고 싶다면 신도증을 만들어야 하지요.

또 조계종 사찰의 종무원으로 지원할 때 혜택이 있습니다. 절에서 종무소 직원을 뽑을 때는 반드시 조계종 신도증이 있는 사람을 우선으로 채용합니다. 요즘은 사찰 종무원으로 직장생활하는 것도 아주 좋습니다. 옛날과는 좀 다릅니다. 4대 보험도 다 들어가고요. 또 본인이 원하면 얼마든지 전문적으로 활동할 수 있습니다. 지금 유튜브 촬영해서 방송을 하는 것도 전문가들이 절에 있기 때문에 가능한 일이지요. 사찰이라 해서 옛날처럼 그냥 수기로 대충 일하는 곳이 아닙니다. 전문가를 필요로 하는 분야가 절 안에도 많습니다. 그래서 저는 절에 들어와서 종무원으로 활동하는 것도 개인적으로 자기 기량을 펼 수 있는 아주 좋은 일이 될 수 있다고 생각을 합니다.

불교 종립 중·고등학교 교사로 채용될 때도 마찬가지입니다. 대학은 말할 것도 없습니다. 동국대학교, 중앙승가대학교 등 조계종 산하 대학의 교수나 직원으로 지원을 할 때, 조계종 신도증은 아주 요긴하게 쓰일 것입니다.

그리고 불교 관련 방송사, 언론사, 복지시설, 출판사에서도 마찬가지입니다. 그런 곳에 들어가려면 반드시 조계종 신도증이 있어야 하는 경우가 많습니다. 그러므로 본인이 불교 관련 회사에서 직장생활을 하고 싶다면, 조계종 신도증을 미리미리 만들어 두시면 좋을 것 같습니다.

제가 오늘 신도증을 가지면 좋은 점에 대해서 여러 가지 말씀을 드렸습니다. 그런데 뭐니 뭐니 해도 조계종 신도증을 가지고 있으면 자존감이 생겨납니다. 종교를 믿으면서 특히, 정법 불교, 정통 불교를 믿으면서 늘 가지고 있어야 하는 것이 바로 자존감입니다. 그런데 조계종 신도증을 가지고 있으면 저절로 자존감이 생겨납니다. 아주 자신감 있는 불자가 되게 하고, 자신감 있는 신행 활동을 할 수 있게 합니다. 저는 조계종 신도증이 그런 매개체 역할을 한다고 생각합니다. 그래서 부처님 제자로서 아주 떳떳하고 당당한 불자가 되려면, 신도증을 가지는 것이 아주 중요합니다.

아직 수계를 안 하신 분들은 이러한 신도증을 만들기 위해서라도 다니는 사찰이나 이웃 사찰에 '수계 산림이 있다', '언제 수계 한다' 라고 하면, 꼭 참여하여 미리미리 법명을 받아 두시면 좋을 것 같습니다. 법명도 받고 조계종 신도증도 받는다면, 신행 활동을 하는데 스스로 큰 힘을 받을 것입니다.

 내일 다시 뵙겠습니다.
관세음보살

無一우학
說法大典

146
마하반야바라밀다심경,
(摩訶般若波羅蜜多心經)
제목의 뜻은 알고 계시는가?

2020. 07. 22. 대구큰절 옥불보전

 관세음보살. 유튜브불교대학 시청자 여러분, 반갑습니다.

오늘은 우리 유튜브불교대학 신도님들의 경전 상식을 넓힐 수 있는 이야기를 하겠습니다. 반야심경(般若心經)에 대한 얘기입니다. '마하반야바라밀다심경(摩訶般若波羅蜜多心經), 이 제목의 뜻을 알고 계시는가? 라는 주제를 가지고 말씀을 드리겠습니다.

마하반야바라밀다심경이 반야심경의 본 제목입니다. 반야심경에 대해서는 제가 이미 두 번이나 말씀을 드린 바가 있습니다[1]. 그런데 반야심경이 워낙 중요하다 보니, 중언부언하는 점이 없지 않습니다. 그렇지만 계속 반복해서 들으셔야 합니다. 법문의 끝에 마하반야바라밀다심경의 정확한 말씀을 드릴 테니까 끝까지 잘 들으시기 바랍니다. 적어도 유튜브불교대학 엘리트 불자라면 반야심경, 마하반야바라밀다심경의 뜻만큼은 정확하게 알아야 하지 않겠습니까?

반야심경은 대승경전 가운데서 우리가 외우는 경전 중 가장 짧은 경입니다. '마하반야바라밀다심경' 이 본

제목이고, 줄여서 '반야심경(般若心經)', 더욱 줄여서 '심경(心經)'이라고 합니다. 심경의 심은 '마음 심(心)' 자를 씁니다만, '마음'이라는 뜻도 있지만, 여기서는 '핵심'이라는 뜻이 더 큽니다. 그래서 심경은 '모든 경전 말씀의 핵심이 이 짧은 260자 안에 들어있다'라는 말입니다. 따라서, 반야 지혜를 나타내는 반야부 계통의 핵심 되는 경이 반야심경이다, 이렇게 보면 정확합니다.

반야심경은 제목이 10자요, 본문이 260자, 도합 270자입니다. 이 경은 현장 스님께서 산스크리트 본을 한문으로 번역했습니다. 이 정도는 상식으로 현재 우리가 외우고 있는 반야심경은 현장 삼장 법사(玄奘 三藏 法師)께서 번역하셨다는 것을 기억해 두셔야 합니다.

이미 지난 생활법문 시간을 통해, 반야심경의 법력에 대해서 말씀을 드린 바가 있습니다. '현장 삼장 법사는 천축국으로 가는 길에 큰 병마를 만났는데, 반야심경을 외우고 씀으로써 병을 고쳤다'라고 했습니다. 유튜브 검색창에 '반야심경의 법력'이라고 치면 나올 겁니다. 한번 찾아서 들어보시면 좋겠습니다.

여하튼, 현장 스님처럼 우리도 반야심경을 읽고 외우며 지극정성 독송한다면, 반야심경 하나만으로도 큰 가피를 입을 수가 있습니다.

최근, 대한불교조계종 총무원장 큰스님 이하 집행부 스님들이 고(故) 박원순 서울 시장의 조문을 갔습니다. 조문하는 모습이 나오는 뉴스를 제가 유심히 보니, 다른 건 다 생략하고 반야심경을 한 편을 외웠습니다. 그것은 일반적으로 절에서 늘 행해지는 모습 그대로입니다.

불교에서는 어떤 행사나 의식을 할 때 번거롭지 않게 간단하면서도 다른 사람에게 감동을 주는 염불이 반야심경 염불입니다. 그래서 반야심경은 특별한 법회에도 많이 쓰이고, 일반 대중 법회에서도 간단히 반야심경만 외우는 경우가 많습니다. 그러므로 모든 불자들은 한문본 반야심경을 외워 두시기 바랍니다.

요즘은 한글화해서 반야심경이 나와 있는데 그것은 나중에 외우고, 우선 한문본 반야심경을 꼭 외워 두시기를 바랍니다. 즉석 의식을 한다거나 이사, 안택 등 행사를 할 때, 번거롭게 다른 의식을 할 필요 없이 다 같이 반야심경을 한 편 외우는 것으로 대신할 수 있습니다. 짧지만 전체 대중이 합송 하는 것이므로 그 행사가 아주 장엄스럽게 됩니다. 또 다른 종교인이 보더라도 "저 사람들, 정말 엘리트 종교인들이다." 이렇게 볼 것입니다. 우리가 보여 주기 위해서 하는 것은 아니지만, 스스로 자존감을 지키기 위해서라도 반야심경 한 편 정도는 할 수 있어야 하고, 반야심경을 전체 다 합송 한다면 주위 사람들에게 감화도 줄 수 있으니 그 얼마나 좋은 일입니까?

어떤 분들은 또 말합니다.

"스님, 뜻도 모르고 외워서 되겠습니까?"

비록 뜻은 모르더라도 안 하는 것보다는 하는 것이 백 배 더 낫습니다. 그리고 경전마다 특별한 기운이 있는데, 반야심경은 반야심경만의 기운이 있습니다. 제가 반야심경의 대의(大意)에 대해서도 말씀을 드린 바가 있습니다.

득지혜(得智慧) 향행복(享幸福)
지혜를 얻어 행복을 향유한다.

이것이 반야심경의 대의입니다. 비록 뜻을 모르고 반야심경을 독송한다고 해도 지극정성으로 하면 지혜를 얻을 수 있고 행복을 얻을 수 있습니다.

반야심경의 구체적인 내용, 깊은 내용은 스님들에게 배우거나 불교대학 공부 시간에 직접 들으시면 좋겠습니다. 아무튼, 반야심경은 모든 불자들이 다 꼭 외워야 합니다. 그래서 그것을 의식에 충분히 활용하시기 바랍니다.

지금부터는 경의 제목 '마하반야바라밀다심경'에 대해서 구체적으로 말씀을 드릴 테니 잘 들으시기 바랍니다. 불자라면 마하반야바라밀다심경, 이 10자의 경 제목의 의미라도 좀 알아야 하지 않겠습니까? 반야심경의 중요한 대목, '색즉시공(色卽是空)'이라든가 '불생불멸(不生不滅)'이라든가 하는 부분은 후일 시간을 봐서 설명을 또 드리도록 하겠습니다. 어쩌면 반야심경 전체 내용을 가지고 법문해야 할 수도 있습니다. 생활법문 강의를 5년, 10년 하게 된다면 나중에는 거기까지 해야 하지 않겠습니까?

오늘은 경의 제목에 대해서 말씀을 드릴 테니, 잘 들어보시기 바랍니다.

마하반야바라밀다심경(摩訶般若波羅蜜多心經)에서 먼저 '마하(摩訶)'을 보겠습니다. 마하는 말 그대로 한량없이 큰 것을 말합니다. 대(大), 다(多), 승(勝), 즉 '크고, 많고, 수승하다' 라는 뜻을 가지고 있습니다. 그냥 단순하게 '큰 것' 을 생각하면 됩니다. 그런데 어느 정도로 큰 것인가, 우주만큼 큰 것을 의미합니다. 즉, 마하는 우주입니다.

그다음 '반야(般若)' 입니다.

반야는 '반야 지혜', '반야 광명' 을 말해요. 광명 즉 반야입니다. 이것을 억지로 우리 말로 하자면 '지혜(智慧)' 입니다. 지식과는 조금 다르지요. 그러나 지혜라 하면 세간의 지혜와 조금 헷갈리는 점이 있어서 그냥 반야라고 한 것 같습니다. 아무튼 밝고 밝은 지혜로움, 그것을 반야라 합니다. 일반적으로 번역할 때는 그냥 지혜, 이렇게 봐도 됩니다.

그다음 '바라밀다(波羅蜜多)' 입니다.

바라밀다는 '파라미타', '저 언덕에 이르름', '저 언덕에 도착함'이라는 뜻입니다. 그럼 저 언덕이 어디인가? 저 언덕이 무엇인가? 바로 '피안(彼岸)', '행복'이라고 하는 곳입니다. 행복의 언덕, 그냥 행복, 행복 그 자체입니다.

그다음으로, '심(心)'은 이미 말씀드린 대로 '핵심'이라는 뜻이 있습니다.

마지막으로 '경(經)'은 '진리 경(經)'자로 '진리의 말씀' 이렇게 보시면 됩니다.

그래서 지금까지 말씀드린 것을 쭉 연결하면 '마하 - 우주', '반야 - 지혜', '바라밀다 - 행복'입니다. 그런데 이렇게 하나 하나 던져 놓아서는 정확한 뜻이 드러나지 않습니다.

무엇이 마하요, 무엇이 반야요, 무엇이 바라밀다인가? 무엇이 그렇다는 것인지 살펴보아야 합니다. 다시 말하면, 마하는 우주라고 했고, 반야는 지혜라고 했고, 바라밀다는 행복이라고 간단하게 정리를 했는데, 그렇다면 무엇이 그런가?

득지혜(得智慧) 향행복(享幸福)
지혜를 얻어 행복을 향유한다

 우주요, 지혜요, 행복이라는 것을 핵심적으로 가르치는 말씀이다, 뭐가 그러한가?

 첫째, 우리의 '참마음' 입니다.

 참마음이 우주요, 참마음이 지혜요, 참마음이 행복임을 핵심적으로 가르치는 말씀이 마하반야바라밀다심경입니다.

 우리가 마음, 마음 하지마는 참마음이 있습니다. '참마음자리'에 있는 나를 '참나'라고 합니다. 그래서 참나를 여기에 대비해서 다시 살필 수가 있습니다.

 둘째, 우리의 '참나' 입니다.

 참나는 우주요, 참나는 지혜요, 참나는 행복임을 핵심적으로 가르치는 경이 마하반야바라밀다심경, 즉 반야심경이다, 이렇게 봐도 됩니다. '참마음'에서 '참나' 이렇게까지 왔습니다. 그런데 참나의 자리는 '부처님'의 자리입니다. 그래서 셋째로 부처님을 대비해서 살필 수도 있습니다.

 셋째, 부처님입니다.

 부처님의 자리, 부처님은 우주요. 부처님의 자리, 부

처님은 지혜 그 자체요. 부처님의 자리, 부처님은 바로 행복 그 자체입니다. 즉, 부처님은 바로 우주요, 부처님은 바로 지혜요, 부처님은 바로 행복임을 핵심적으로 가르치는 경이 마하반야바라밀다심경이라는 말입니다.

이 부분에 대해 복잡하게, 아주 어렵게 설명을 할 수도 있습니다. 하지만, 제가 오랫동안 불교 공부를 하고 불교 수행을 하면서 대중들에게 표현할 수 있는 방법은 여기까지가 한계라는 말씀을 드립니다.

정말 참마음, 참나가 우주요, 지혜요, 행복임을 어떻게 아는가? 그것은 수행을 통해서 스스로 체득해야 합니다. 그래서 수행이 필요한 것입니다. 오늘 설명한 것은 순전히 의미만을 가지고 말씀을 드리는 것입니다. 하지만 진짜 의미가 내 골수에 와서 박히기 위해서는 스스로 수행을 해서 마하의 맛을 봐야 하고, 반야의 맛을 봐야 하고, 바라밀다의 맛을 봐야 합니다.

어쨌든 간에 이 세상은 마하요, 반야요, 바라밀다입니다. 참나, 참 마음자리가 그렇고 부처님 세계가 그러하니, 어쨌든지 수행을 해서 반야심경에서 가르치고 있는 것처럼 영원의 세계, 완전의 세계를 터득하고 그 맛을 봤으면 좋겠습니다.

오늘은 제목만 가지고 말씀을 드렸습니다. 제목도 굉장히 중요합니다. 이렇게 일목요연하게, 명확하게 말씀을 드리는 것도 흔치 않습니다. 그러니까 여러 번 잘 들어보시고 꼭 메모를 잘해 두시기 바랍니다.

왜 반야심경이 이 시대에 필요한가? 스트레스를 받아가며 살아가는 이 시대에 왜 반야심경이 그토록 절실한가? 260자의 짧은 경문이지만 왜 그토록 중요한가? 이 물음에 대한 답은 이미 경 제목에 다 나와 있습니다. 잘 새겨보시기 바랍니다.

 늘 건강하시고, 내일 다시 뵙겠습니다.
관세음보살

참고하시면 좋은 법문

(1) 약방의 감초, 260자 안에 다 있다(설법대전 5)
반야심경의 법력(설법대전 5)

無一우학
說法大典

147
사찰 방문 시 먼저 할 일

2020. 07. 23. 대구큰절 옥불보전

관세음보살. 유튜브불교대학 시청자 여러분, 반갑습니다. 오늘은 '사찰 방문 시 먼저 할 일'이라는 주제를 가지고 말씀을 드리겠습니다.

유튜브불교대학 시청자들께서 요즘 한국불교대학 大관음사 감포도량 무일선원에 많이 오십니다. 그래서 유튜브의 힘이 얼마나 막강한가 하는 것을 실감하고 있습니다. 유튜브불교대학이 생각대로 10만 명 구독자가 생기고, 나아가 수년 내에 100만 명 이상의 구독자를 낸다면, 정말 유튜브가 일내겠다는 확신이 듭니다. 정말 우리의 원력처럼, '미국 맨해튼에 한국 절이 들어서는 기적을 우리 스스로 만들어보자'는 말씀을 다시 드립니다.

그것은 참 희망적이고 고무적입니다만, 감포도량에 오시는 분들을 유심히 이렇게 관찰해보면, 사찰 방문 시에 무엇을 해야 하는지를 전혀 모른다는 것입니다. 그래서 이번 기회에 정리를 해야겠다는 생각이 들었습니다. 어쩌면 가벼운 주제처럼 보이지만, 꼭 그렇지도 않습니다. 불교대학에서 공부를 하시는 분들과 불교대학에서 공부를 하지 않는 분들은 조금 차이가 납니다.

제가 한 달여 동안 감포도량에 도신 분들을 유심히 관찰을 하고 있는데, 저로서는 아주 깜짝 놀랐습니다. 절에 들어오면 으레 큰법당에 들어가서 절하시고, 참배하시고 다른 볼일을 보셔야 합니다. 그런데 유튜브 신도라고 하면서 절 마당에서 어슬렁거리다가 그냥 돌아가십니다. 또 그냥 마니차 몇 번 돌려보고 가시는 분도 있고, 또 종각 주변에서 그냥 놀다가 가시는 분들도 있습니다.

그런 모습들을 접하고 나자 이래서는 안 되겠다 싶어서 준비한 법문이니, 초보적인 지식이라고 볼 수도 있겠지만 하나씩 말씀드릴 테니까 끝까지 잘 들어보시기 바랍니다.

대부분 절에 오실 때 승용차를 타고 오시는데, 이때 반드시 지정된 장소에 주차하셔야 합니다. 차를 끌고 절 마당까지 들어오시면 안 됩니다. 그것은 어느 절이나 마찬가지입니다. 공영주차장이나 지정된 공간에 차를 주차해야지, 절의 스님을 잘 안다고 하면서 절 마당까지 차를 가지고 와서는 안 됩니다.

차에서 내린 뒤에는 곧장 큰법당으로 향해야 합니다.

설령 절의 주지 스님이나 어떤 스님을 만나러 왔다거나 절의 공양주 보살이나 다른 일을 보러 왔다 할지라도, 우선 큰법당에 가서 그 절의 가장 주인이신 주불(主佛), 주된 부처님, 큰법당 가장 가운데 계신 부처님께 삼배를 해야 합니다. 가장 주인이신 분이기 때문에 그렇습니다. 그런 뒤에 볼일을 보십시오.

큰법당에 들어가기 전에 다른 법당을 먼저 참배하는 것도 실례가 됩니다. 감포도량 무일선원으로 말하자면, 큰법당에 들어가기 전에 보은전에 먼저 들른다거나, 문수전에 먼저 들른다거나, 관음굴에 먼저 들러서는 안 된다는 겁니다. 어떤 분들은 납골당에 모셔둔 부모님을 뵈러 왔다고 아예 납골당으로 곧장 가서 그냥 부모님만 뵙고 가는 일이 더러 있습니다. 그런데 그것 역시 절 예법으로써는 맞지 않습니다. 먼저 큰법당으로 가서 부처님께 예배드린 뒤, 납골당에 모셔둔 부모님을 찾아가서 인사를 드려라, 이 말입니다. 어쩌면 이것은 극히 상식적인 것임에도 불구하고 이러한 예법이 잘 지켜지지 않습니다.

다시 한번 정리하여 말씀드리겠습니다.

어느 절에 가든지 불자라면 당연히 가장 먼저 큰법당을 찾아야 합니다. 고찰이든지 시내에 있는 포교당이든지 관계없이 절에 갔을 때는 무조건 큰법당을 물어서 찾아가야 합니다. 모르면 물어보면 됩니다. 그리고 딴 데는 곁도 보지 말고 곧장 큰법당으로 가서 가장 가운데 계신 부처님께 절을 하십시오. 그다음에 다른 법당으로 가서 참배하고 싶으면 참배도 하고 볼일도 보시면 됩니다. 무일선원으로 말하면, 큰법당에 참배하시고 내려와서 관세음보살님이 계시는 관음굴에 가서 절을 하거나 문수전에 가서 절을 하면 됩니다. 어쨌든 가장 먼저 들러야 할 곳은 큰법당입니다.

그리고 우리 불자들이 조심해야 할 것이 법당을 두고 이름에 '각(閣)'자가 든 곳을 먼저 들어가는 수가 있어요. '전각(殿閣)'의 전(殿)은 부처님이 계시는 곳입니다. 그러니까 대웅전(大雄殿), 관음전(觀音殿), 문수전(文殊殿) 등은 부처님들이 계시는 곳입니다. 그런데 각(閣)은 레벨이 좀 낮거나 비 불교적인 성격을 가지고 있어요. 산신각, 칠성각 등이 그렇습니다. 감포도량에 오신 분들 중, 가끔 큰법당이 버젓이 있음에도 불구하고 산신각에 앉아서 장시간 기도를 하거나, 산신각에서 108배를 하는데 그렇게 하시면 안 됩니다.

불자는 언제든지 정법대로 가야 합니다. 꼭 큰법당에 가서 기도를 하실 생각을 해야 합니다. 큰법당 아닌 다른 법당에 가서 하시는 것은 관계없습니다. 하지만, 산신각이나 칠성각에 가서 너무 오랜 시간 계시면 안 좋습니다. 그에 대해 제가 여기서 구체적으로 말씀드리기는 좀 그렇습니다. 그래도 산신각 참배하고 싶다면 삼배만 하고 나오시면 됩니다. 칠성각에 가서도 그냥 삼배만 하고 나오시면 됩니다.

그리고 주불이 계신 큰법당을 참배했다면 굳이 다른 법당을 일일이 다 찾아다니면서 참배를 하실 필요는 없습니다. 가장 중요한 것은 큰법당을 놓치고 다른 법당에 가서는 안 된다는 것입니다. 감포도량 무일선원에 오셨는데 큰법당에는 가지 않고 관음굴에만 들렀다가 돌아간다면, 감포도량 무일선원에 오셨지만 10분의 1만 왔다

간 것과 같습니다.

큰법당에 가서 참배하는 것이 가장 중요하고, 본인이 굳이 가고 싶지 않다면 다른 법당들은 생략해도 괜찮습니다. 그런데 반대로 작은 법당에 가서 참배하면서 큰법당은 가지 않았다고 하는 것은 말이 안 된다는 것입니다. 가능하면 불자님들은 큰법당에서 기도 정신하시고, 문수전이나 관음전과 같이 '전' 자가 든 법당에 가서 기도하시면 좋겠습니다.

내일은 큰법당이나 일반 법당 안에 들어갔을 때 어떻게 해야 하는지에 대해서 말씀을 드릴 생각입니다. 법당에 들어가서도 무엇을 어떻게 해야 하는지 모르시는 분들이 많은 것 같았습니다.

유튜브불교대학이 이래서는 안 되지 않겠습니까? 적어도 유튜브불교대학에 인연 되는 분들이라면 사찰 예절, 법당에서의 예절만큼은 잘 익혀서 다른 사람이 보더라도 '유튜브불교대학 신도들은 좀 다르구나' 이런 마음이 일어나도록 해야겠다는 마음, 그런 생각으로 법문을 하고 있습니다. 얼핏 보면 수준이 조금 낮은 듯하지만 내일 법문도 좀 잘 들어주시길 바랍니다.

 내일 다시 뵙겠습니다.
관세음보살

無一우학
說法大典

148
법당 참배 시 기본 상식

2020. 07. 24. 대구큰절 옥불보전

> ※ 이 설법에서는 우학 스님께서 초를 켜고 끄는 방법에 대해 직접 시범을 보여 주십니다. 유튜브불교대학에서 해당 영상을 통해 직접 시청하시기를 권해 드립니다.

 관세음보살. 유튜브불교대학 시청자 여러분, 반갑습니다. 오늘은 어제 이어서 '법당 참배 시 기초 상식' 입니다.

법당을 참배할 때 우리는 어떠한 상식을 가지고 해야 하는가에 대해서 말씀을 드리겠습니다.

문을 열고 일단 법당의 문턱을 넘어 들어서면 곧바로 선 채로 상단의 부처님을 향해서 합장 저두, 즉 반배를 해야 합니다. 다시 말씀드리겠습니다. 법당 문을 열고 발을 법당 안에 들여다 놓고, 뒷사람이 들어올 것을 감안하여 몇 발자국 조금 앞으로 와서 곧바로 정면의 부처님을 향해 서서 합장하고 반배 하십시오.

법당의 문을 사용함에 있어서는 절대 부처님 정면의 문, 즉 어간문은 사용하지 않아야 합니다. 평소에 열어 놓은 문이 있을 겁니다. 그리 다니셔야 합니다.

합장 저두, 반배를 하고 법당 안으로 들면 적당한 장소를 잡아서 엎드려 삼배를 하시면 됩니다. 법당이 아주 클 때는 부처님 앞으로 나가서 향도 사르고 초공양도 올릴 수 있지만, 그럴 수 없는 법당도 많습니다. 그럴 경우에는 들어가자마자 곧장 삼배 하시면 돼요.

  삼배를 할 때는 조계종에서 말하는 정통 절하는 법대로 하셔야지, 그냥 자기 식대로 절을 해서는 안 됩니다. 정통 절하는 법을 잘 모르시는 분들은 유튜브에서 '우학 스님 절하는 법' 이렇게 검색해보시기 바랍니다. 그러면 현재 조계종에서 가르치고 있는 정통 절을 바로 배울 수 있습니다. 정통 절하는 법을 반드시 익혀야 합니다. 불자가 돼서 절을 똑바로 못한다면 큰일입니다. 절만 잘해도 다른 사람들로부터 칭찬받고 인정받습니다.

  아무튼, 정확하게 삼배를 잘하신 뒤에 앉아서 여타 다른 수행을 하시든지 하면 됩니다. 옆에 좌복이 있다면 좌복을 사용하셔도 됩니다. 집에서 방석이라고 하지만 절에서는 좌복이라고 합니다. 절에서는 절의 용어 그대로 하는 게 좋습니다.

  좌복을 사용할 때는 절대로 좌복 위에 발을 올려서는 안 됩니다. 만약에 발을 올리면, 우선 위생적으로 안 좋습니다. 우리는 다른 사람도 생각해야 합니다. 그런데 좌복 위에 발을 올려놓고 절을 하는 불자가 아주 많습니다.

그러면 다른 사람을 위해 그 좌복피를 벗겨서 빨아야 하는데, 매일 좌복을 빨 수는 없어요. 그러므로 오시는 분들이 알아서 잘 좀 해 주셔야 합니다. 많은 분들이 오고가는 문화재 사찰에서는 특히 더 조심해야 합니다. 법당 안에 들어가서 절을 할 때에는 적당한 위치에서 하되, 절대 좌복 위에 올라서서는 안 됩니다. 삼배를 하든지 108배를 하든지 그것은 관계가 없습니다. 절을 하실 것 같으면, 좌복 위에 올라서지 말고 절을 하시기 바랍니다.

'나는 절하러 온 게 아니라 사경하러 왔다', '독송하러 왔다', '참선하러 왔다', '정근기도하러 왔다' 라고 할 때도 법당에 적당한 위치를 잡아서, 다른 사람이 방해받지 않도록 자기 수행을 해야 합니다. 독송한다고 옆에 사람이 있음에도 불구하고 자기 식대로 소리를 내서 한다면, 자신의 기도는 될지언정 다른 사람의 기도를 방해한다면, 그 기도가 잘 됐다고 볼 수 있겠습니까? 기도도 늘 옆 사람도 생각하면서 해야 합니다.

그렇게 본인이 그날 할 수행을 마치고 일어서서 나갈 때는 좌복 정리까지 잘 해 주시기 바랍니다. 딴 사람이 보았을 때 지저분하지 않도록, 왔다 간 흔적이 없도록 해주면 좋겠습니다.

만일 나가기 전에 '신중단에도 절하고 싶다'라고 한다면 신중단에 절을 하시면 됩니다. 절을 하되 삼배를 정확하게 하시면 됩니다. 부처님 전에 하듯이 정확하게 삼배만 해야지, 부처님께서 앞에 계시는데 신중단을 향해 108배를 하는 것은 안 됩니다. 그럴 필요도 없고요.

또, '조상님 또는 돌아가신 분이 영단에 모셔져 있어서 영단에 모신 분을 만나러 왔다'라고 할지라도, 반드시 부처님 전에 삼배를 먼저 하셔야 합니다. 신중단에는 굳이 안 하셔도 됩니다. 상단에 계신 주불, 가운데 계신 부처님께 삼배 하면 신중단에도 같이 예를 드린 결과가 됩니다. 그러므로 영단에 목적이 있더라도 상단에 먼저 삼배 하고, 바로 영단에 삼배 하면 됩니다. 영단에 108배를 한다거나 삼배 이상 여러 번 절을 하시면 안 됩니다. 그냥 삼배를 깍듯하게 하되, 부처님께 삼배 하는 것과 똑같이 해야 합니다. 이에 대해서도 유튜브에서 말씀을 드린 바가 있습니다. 영단에 절을 할 때 어떻게 하면 되는

지에 대해 법문을 한 적이 있으니, 그것도 유튜브에서 한 번 찾아보시길 바랍니다(1). 아무튼, 영단에 절하는 것도 부처님 전에 절하듯이 삼배를 아주 정중하게 올리시면 됩니다.

여기서 또 한 가지, 제가 지금 생각이 나서 말씀을 드립니다. 어떤 절에는 부처님들이 횡으로 모셔져 있는 경우가 있습니다. 법당 전체가 횡으로 되어있다 보니 그런 수도 있습니다. 그러니까 10미터, 20미터 안에 부처님들이 옆으로 쭉 도열해 계시는 것이지요. 어떤 분은 "꼭 한 분, 한 분 부처님 앞앞이 다 가서 삼배를 해야 합니까?"라고 묻는 경우도 더러 있습니다. 그것도 마찬가지입니다. 가장 가운데 계신 부처님, 가장 중간에 계신 부처님께 삼배만 하면 그것으로 모든 부처님께 다 삼배한 것으로 간주합니다. 마침 법당에 아무도 없는 데다가 신심이 나서 부처님 한 분 한 분께 삼배하고 싶어서 한 것은 크게 잘못된 것은 아닙니다. 그런데 법회 하느라고 신도들이 많이 모인 경우에는 그냥 가운데 계신 부처님에게만 삼배하시는 게 좋습니다.

이것은 우리가 집안의 어른을 찾아뵙는 것과 똑같습니다. 옛날 대가족 사회에서는 집안의 가장 높은 어른을 찾아뵈면 다른 분들에게도 다 인사한 것과 같았습니다.

다음으로, 향이나 초를 사 와서 공양올리고자 하는 경우에 대해 말씀을 드리겠습니다. 법당에 아무도 없다면 향도 사르고 촛불도 켜시면 됩니다. 그런데 이미 누가 와서 촛불도 밝혀 놨고, 향도 한 자루 또는 두 자루 사뤄 놓았다면, 본인이 사 온 것은 그냥 옆에 놔두면 됩니다. 언젠가는 본인이 사 온 초와 향을 다 공양 올려 줍니다. 그런데 굳이 남이 피운 향과 촛불을 다 끄고 다시 켠다면, 그것은 기도자의 마음 자세가 아닙니다.

또 불자님들이 촛불을 켜고 끄는 모습과 향을 올리면서 하는 행위들이 다 제각각입니다. 그래서 촛불 켜는 방법을 제가 시범적으로 보여 드리겠습니다. 요즘은 성냥은 잘 사용하지 않는 것 같습니다만, 성냥을 사용하는 경우에 대해 말씀드리겠습니다. 성냥을 켤 때는 성냥을 부처님 쪽으로 밀어서는 안 됩니다. 성냥을 자기 쪽으로 당겨서 켜야 합니다.

(※ 영상 참조)

성냥에 불이 붙었으면 이것을 초에 잘 붙이십시오. 불을 붙인 뒤 성냥은 초 옆에 향로나 성냥개비를 담는 그릇이 따로 있습니다. 그것을 활용하시면 됩니다. 만일 라이터가 준비되어 있다면, 라이터를 아주 공손하게 하여 부처님 방향을 피해 정성껏 불을 댕기면 됩니다. 그리고 향은 촛불을 켜 놓고 불을 붙이면 좀 더 쉽습니다.

(※ 영상 참조)

향불이 붙었으면, 정중하게 이마 위에까지만 올리고 바로 향로 정 중앙에 하나를 꽂으시면 됩니다. 간혹 향에 불을 붙인 뒤에 머리 위에서 몇 바퀴 돌리는 사람이 있는데, 그러다가 머리카락 다 탑니다. 절대 그러면 안 되고, 촛불을 이용하여 향에 불을 잘 붙인 뒤에는 그냥 이마 위에까지 올렸다가 곧장 향로 정 중앙에 하나 꽂으시면 됩니다.

기도를 끝내고 돌아갈 때는 향은 그냥 놔 두고, 촛불은 손바닥을 이용해서 끄면 됩니다.

(※ 영상 참조)

만일 손바닥으로 했는데 잘 안 꺼진다면, 옆에 잘 보시면 불을 끄는 기구가 늘 있습니다. 어느 절에 가든지 촛불의 불을 끄는 기구가 주위에 있으니 그걸 이용하시면 됩니다. 불 끄는 기구를 초 위에 이렇게 가만히 대고 있으면, 산소가 모자라서 금방 꺼집니다. 이때 절대로 촛불을 입으로 불어서 끄면 안 됩니다. 손바람으로 하든지, 기구를 이용해서 꺼야 합니다. 이쯤 하면 초와 향공양은 더 이상 얘기하지 않아도 될 것 같습니다.

오늘은 법당 안에 들어오셨을 때의 예절에 대해서 제가 대충 간략하게 말씀을 드렸습니다.

 내일 뵙겠습니다.
관세음보살

참고하시면 좋은 법문
(1) 불자라면 제사, 천도재 때 똑바로 절하라(설법대전 7)

無―우학
說法大典

149
정근기도 중 망상 제거 방법

2020. 07. 25. 대구큰절 옥불보전

관세음보살. 유튜브불교대학 시청자 여러분, 반갑습니다. 오늘은 '정근기도 중에 일어나는 망상을 제거하는 방법'에 대해서 말씀을 드리겠습니다.

정근기도는 한 부처님의 명호를 계속해서 부르면서 몰입해 가는 수행을 말합니다. 관세음보살 정근이라고 하면, "관세음보살, 관세음보살, 관세음보살…" 이렇게 계속 외우는 것입니다. 시간을 정해 놓고 하거나 횟수를 정해 놓고 명호를 반복해서 외우는 수행 방법이 바로 정근기도입니다.

정근에 방점이 있는 것이므로 정근기도라 하는 것이 맞겠습니다. 다른 표현으로 정근수행이라 해도 틀림이 없습니다. 정근기도, 정근수행 줄여서 정근, 이렇게 말합니다. 그래서 부르는 부처님 명호에 따라 관세음보살 정근, 지장보살 정근, 석가모니불 정근이라고 합니다.

정근을 함에 있어서 가장 중요한 것은 망상을 짓지 않는 것입니다. 정근을 아무리 장시간 동안 하더라도 망상을 지으면서 한다면, 정근기도의 효과가 감소할 수밖에 없습니다. 즉, 망상을 여하히 많이 짓느냐, 적게 짓느냐에 따라서 그만큼 정근기도의 결과가 달라질 수밖에 없습니다. 그래서 망상을 짓지 않고 집중력 있게 기도 정진한다면 좋겠는데, 문제는 그것이 잘 안 된다는 것입니다. 열심히 하기는 하지만 망상을 지으면서 했다면 소용이 없는 시간을 보낸 것이라 볼 수 있습니다. 그래서 오늘은 '어떻게 하면 정근기도 중에 망상을 좀 덜 지을 것인가?', '어떻게 망상을 제거하면서 정진할 것인가?' 여기에 대해서 말씀드리려 합니다. 끝까지 좀 잘 들어보시기 바랍니다.

첫 번째는 108염주나 단주를 들고, 한 번의 호흡 지간에 그 염주 알을 다 돌리는 것입니다.

쉽게 말해 숨을 들이쉬고 다시 숨을 한번 내뱉을 때까지 이 단주를 단숨에 돌려야 합니다. 숨을 잠시 정지하는 것도 괜찮습니다. 이 방법은 늘 하는 것이 아니라 망상이 너무 많이 들고, 잠이 너무 많이 쏟아지는 경우의 극약 처방입니다. 극약 처방으로 이 수련을 해 보는 것입니다. 염주를 딱 잡고, 숨을 들이쉰 뒤 뱉을 때까지 염주 알을 다 돌리는 것입니다. 염주 중에서도 비교적 짧은 단주는 숨을 참고 몇 바퀴 돌릴 수가 있습니다.

108염주는 단 한 번의 호흡 지간에 다 돌리자면, 정말 정신을 바짝 차려야 합니다. 이 방법은 돌아가신 일타 큰스님께서 하시는 방법을 배운 것으로, 저 또한 한 적이 있습니다. 해 보면 망상이 전혀 들지 않습니다. 한 번의 호흡 지간에 108염주를 한 번에 다 돌려라, 이겁니다. 그러면 염주를 돌리느라고 망상이 들어올 틈이 없습니다. '나는 왜 이렇게 망상이 많지?', '나는 정말 망상꾼자야!' 이러한 생각이 드시는 분은 이 방법을 꼭 실천해 보시기를 바랍니다. 한 달이고 두 달이고 하다 보면, 그 뒤로는 망상이 들어오지 않습니다. 이 수련만 잘 되면 이후로는 이 방법을 굳이 하지 않더라도 편안하게 염주 알을 돌리면서 정근기도를 할 수 있습니다. 그때는 망상이 안 들어옵니다. 그래서 망상이 감당이 안 되는 사람에게 권하는 수련법입니다.

두 번째는 관세음보살님 상호를 쳐다보면서, 즉 관(觀) 하면서 정근을 하는 것입니다. 그러면 망상을 많이 여읠 수가 있습니다.

　앞에 부처님이 계시면 부처님을 쳐다보는 것으로 망상이 많이 줄어 듭니다. 절에서 할 때는 관세음보살님이나 부처님이 앞에 계시므로 또렷이 관 하면서 하면 되는데, 집에서는 어떻게 할 것인가? 집에서는 큼지막한 부처님 사진, 관세음보살님 사진을 인화하여 하나 걸어두시고, 직접 법당에 가서 부처님 뵙듯이 그렇게 하면 됩니다. 이렇게 부처님 사진을 보며 정근기도를 하면 망상을 많이 줄일 수 있습니다.

　세 번째는 큰 소리를 내면서 정근을 하는 것입니다.

　속삭이는 말로 "관세음보살, 관세음보살, 관세음보살…" 하면 망상이 많이 일어납니다. 아주 큰 소리로 "관세음보살, 관세음보살, 관세음보살…" 해 보십시오. 이것을 '고성염불' 이라 합니다. '고성염불 10종공덕(1)' 이라는 말도 있습니다. 고성으로 염불하면 열 가지 공덕이 있다는 것인데, 이에 대해서는 후일에 말씀을 드리겠습니다. 아무튼, 고성염불을 하면 망상을 많이 여읠 수 있습니다. 거의 다 여읜다 해도 과언이 아닐 정도입니다.

네 번째는 스님이 녹음한 소리를 들으면서 정근하는 것입니다.

유튜브불교대학 '독송편'에는 세 가지 버전으로 '우학스님 관음정근'이 올려져 있습니다. 30분짜리 관음정근, 60분짜리 관음정근, 아주 빠른 속도로 하는 100분짜리 관음정근이 있는데, 이 중에서 원하는 소리를 유심히 들으면서 그 소리와 함께 염불한다면 망상이 거의 사라집니다. 그래서 소리를 관 하면서 같이 정근하시면 망상을 없앨 수 있습니다.

다섯 번째는 절을 하면서 정근하는 것입니다.

절을 하면서 정근을 하면 망상이 많이 없어집니다. 사대육신을 부지런히 움직이다 보면 망상이 들어설 틈이 많이 없어집니다. 절을 하면서 "관세음보살, 관세음보살, 관세음보살…" 이렇게 해 보시기 바랍니다.

여섯 번째는 부처님 명호를 쓰면서 정근하는 것입니다.

관세음보살 정근을 한다면 관, 세, 음, 보, 살을 한 자 한 자 사경하듯이 쓰면서 정근 하십시오. 사경하면서 정근을 하면 망상 없이 관세음보살이면 관세음보살 삼매에 들 수 있습니다. 몰입할 수가 있습니다.

총 여섯 가지 방법을 제시했습니다.

첫째, 108 염주 또는 염주를 단 한 번의 호흡 지간에 다 돌려라.

둘째, 관세음보살님의 상호를 쳐다보면서 정근해라.

셋째, 큰 소리로 관세음보살 정근해라.

넷째, 스님이 녹음한 소리를 들으면서 같이 정근해라.

다섯째, 절을 하면서 정근해라.

여섯째, 부처님 명호를 한 자 한 자 쓰면서 정근해라.

이렇게 하면 분명히 기도 중에 일어나는 망상을 많이 줄일 수 있습니다. 그리고 이 여섯 가지 방법들을 중첩해서 같이 한다면, 그만큼 더 많이 망상을 줄일 수 있습니다. 예를 들면, 스님의 녹음 음성을 들으며 절도 하면서 큰 소리로 염불을 한다거나 하면 좋다는 말입니다. 이는 이중, 삼중, 사중으로 망상을 차단하는 그런 효과가 있습니다.

정근기도는 몰입을 얼마나 깊게 하느냐, 얼마나 집중력 있게 관세음보살님의 명호를 부르느냐, 그것이 중요합니다. 시간이 중요한 것이 아닙니다. 물론 오랜 시간을 정진하면서 동시에 몰입도 잘한다면 그것은 더 말할 나위 없이 좋은 것입니다. 하지만, '시간이냐? 몰입이냐?' 라고 묻는다면 몰입이 먼저입니다. 아무리 오랜 시간 동안 할지라도 잡념, 망상이 많다면 그것은 헛일입니다. 1시간 내내 망상 피우면서 보낸 것보다는 10분을 하더라도 집중력 있게 완전히 몰입해서 한다면, 오히려 10분 하는 것이 더 낫습니다.

정근기도는 아주 중요합니다. 부처님 상호를 보거나, 부처님 명호를 외우는 소리를 듣거나 하는 이 모든 것이 관 하는 것입니다. 그래서 정근기도는 결국 관법(觀法)의 기도입니다. 즉, 요즘 말로 하면 비빠사나 수행과 거의 같다고 볼 수 있습니다. 간화선보다 못하다고 생각하면 큰 오산입니다. 정근기도하시는 분들은 정근기도에 대한 믿음과 자부심을 가지고 기도하시면 좋겠습니다.

여기서 조금 더 욕심을 내면, 정근하면서 '관세음보

살님을 현재 외우고 있는 자는 무엇인가?', '무엇이 현재 관세음보살님을 외우고 있는가?'라고 하는 것까지 살펴보신다면 좋겠습니다(2).

  관관음자(觀觀音者) 관세음보살님을 관하는 자는
  시개심마(是箇甚麼) 이것이 도대체 무엇인가?

 여기까지 하신다면 더없이 좋은 화두선까지 하게 됩니다.
 정근기도는 모든 수행의 기초이면서 모든 기도의 출발점입니다. 그러므로 늘 관세음보살님 정근을 많이 하는 불자들이 되시기 바랍니다.
 제가 다른 부처님 명호를 외워도 되지만 특별히 관세음보살님을 말하는 것은 관세음보살님은 '대성자모(大聖慈母) 관세음보살(觀世音菩薩)'이라 하여, 우리가 어머니처럼 부를 수 있는 이름이 관세음보살이기 때문입니다. 또 제가 늘 관세음보살 기도를 하고 있고, 우리절의 이름이 大관음사이므로 관세음보살을 말씀드리는 것인데, 만약 '나는 평생을 지장보살을 불렀다'라고 한다면 지장보살로 정근을 하시면 됩니다. 또 아미타불, 나무아미타불로 평생 정근을 해 왔다면, 그것도 그렇게 하시는 것이 더 좋겠습니다. 굳이 관세음보살로 명호를 바꾸실 필요는 없습니다.

그런데 이것도 저것도 아니다, 특별히 따로 정근기도를 해온 부처님 명호가 없다거나 평소 관세음보살님 뵙는 것이 참 마음 편했다고 하시는 분들은 마음 편하게 관세음보살 정근으로 가시는 것이 좋을 듯합니다.

내일 다시 뵙겠습니다.
관세음보살

참고하시면 좋은 법문

(1) 염불 10종 공덕(유튜브 생활법문)
(2) 가장 쉬운 최고의 명상법(설법대전 7)

∗ 염불의 공덕 (설법대전 10)

150
지옥에 떨어질 중죄는 짓지 마라

2020. 07. 26. 대구큰절 옥불보전

관세음보살. 유튜브불교대학 시청자 여러분, 반갑습니다. 오늘은 조금 특별한 주제를 가지고 말씀을 드리겠습니다. '지옥에 떨어질 중죄는 짓지 마라'라는 주제입니다. 오역죄(五逆罪)에 대해서 많이들 궁금해하시고, 질문하시는 분들이 많아서 답변을 드리도록 하겠습니다.

착함의 씨앗을 심었으면 착함의 열매를 맺습니다. 그것을 우리는 '선인선과(善因善果)'라 이렇게 말합니다. 또, 악함의 씨앗을 심었으면 악함의 열매를 반드시 맺습니다. 그것을 우리는 '악인악과(惡因惡果)'라 합니다. 선인선과요, 악인악과라 하는 이것은 진리입니다. 아주 당연한 진리입니다.

그런데 예로부터 무간지옥에 떨어질 대표적인 중죄가 다섯 가지가 있으니, 이를 오역죄라 합니다. 오역죄는 아주 극악한 죄입니다. 이러한 죄를 짓게 되면 '무간아비지옥에 떨어진다'라고 하였습니다. 무간아비지옥은 말만 들어도 아주 소름이 끼치는 그런 세상입니다. 무간아비지옥은 그 고통이 얼마나 심한지, '일일일야(一日一

夜)에 만사만생(萬死萬生)'이라, '하루 낮밤에 만 번 죽고, 만 번 태어나는 고통이 따른다'라고 했습니다. 존재는 태어날 때도 고통스럽고, 죽을 때도 고통을 수반합니다. 그런데 그러한 고통이 하루 낮밤에 만 번이나 죽고, 만 번이나 태어난다고 하니 참으로 끔찍한 세상입니다. 그러한 곳을 '무간지옥' 또는 '아비지옥'이라 하고, 두 단어를 붙여서 무간아비지옥이라 합니다.

그렇다면 무간아비지옥에 가는 중죄는 무엇인가, 그것을 한번 살펴보겠습니다.

첫째, 살부(殺父) 아버지를 죽인 죄입니다. 아버지를 죽이면 무간아비지옥에 갑니다.

둘째, 살모(殺母) 어머니를 죽인 죄입니다. 어머니를 죽이면 무간아비지옥에 갑니다.

셋째, 살아라한(殺阿羅漢) 아라한을 죽인 경우입니다. 아라한은 '공부 잘하는 수행자'를 말합니다. 공부 잘하는 수행자를 죽인 사람은 오역죄를 지었기 때문에 무간아비지옥에 떨어집니다.

넷째, 출불신혈(出佛身血)이라, 부처님 몸에서 피를

내게 한 경우입니다. 부처님 몸에서 피를 나게 한 경우라 하면, 불상을 파괴한다거나 절을 파괴한다거나 하는 것도 이 속에 포함됩니다. 역사적으로는 법난(法難)을 일으키거나 법당의 부처님을 훼손해서 당장에 과보를 받아서 아주 곤란한 일을 당한 왕이나 사람들이 더러더러 있습니다. 출불신혈의 죄를 지으면 큰 과보가 닥치니, 그 과보는 무간아비지옥에 떨어지는 것입니다. 살아서도 그렇고 죽어서도 그렇습니다.

다섯째, 파화합승(破和合僧) 승단의 화합을 깨는 경우입니다. 그러니까 행복하게 유지되고 있는 공동체를 깨는 사람은 무간아비지옥에 떨어집니다. 행복한 공동체를 힘들게 하면 본인은 물론이거니와 단체도 힘들게 되고, 그 단체를 깬 주역은 반드시 죄보를 받고, 죽어서는 무간아비지옥에 떨어집니다.

첫째, 둘째, 셋째는 간단히 이해가 될 것입니다. 다섯 번째 승단, 공동체의 화합이나 행복을 깨면 큰일 난다는 것도 이해가 가실 것입니다. 그런데 네 번째, 출불신혈의 경우가 좀 생소하지요?

부처님 당시에 부처님 몸에서 직접 피를 나게 한 것은 그 경우가 대단히 적습니다. 부처님 몸에서 직접 피를 나게 한 것은 거의 없다고 봐야 합니다. 그런데 교단사에서는 그러한 일이 있긴 있었습니다. 부처님 제자 중에 데바닷다라고 하는 자가 그러했습니다.

'데바닷다' 또는 '제바달다' 또는 '조달'이라 불리는 이 사람에 대해서는 여러 차례 말씀을 드린 것 같습니다. 그렇지만 어쩔 수 없이 이 사람을 또 예로 들지 않을 수가 없습니다. 법문이라 하는 것은 자꾸 들으셔야 합니다. 똑같은 얘기라도 반복해서 들어서 자기 양심의 살림으로 삼아야 합니다. '나는 그러지 않아야지. 저 얘기가 내 얘기가 되지 않도록 늘 조심하면서 살아야지' 이런 마음을 가져야 합니다. 그러려면 똑같은 법문이라도 계속 반복해서 들어야 합니다.

데바닷다는 부처님 속가로 하자면 부처님의 사촌 동생입니다. 그래서 아난존자와 데바닷다는 형제지간입니다. 같은 형제이지만 아난존자는 평생을, 죽음 이후에도 부처님 곁에 늘 계셨습니다. 인도 성지순례를 다녀보면,

부처님 계신 곳에는 바로 옆에 아난존자의 탑이 항상 있습니다. 반면에 같은 배에서 났던 아난존자의 형인 데바닷다는 불교 교단사에서 씻을 수 없는 죄를 저지른 아주 못된 인간입니다.

그렇다면 데바닷다는 왜 그렇게 못된 인간으로 취급을 받을 수밖에 없는가?

데바닷다는 명예욕이 꽉 차서 자기가 부처님 지위에 올라가고 싶은 마음이 가득했습니다. 그래서 한번은 데바닷다가 부처님께 여쭈었습니다.

"부처님, 부처님은 언제까지 부처님 자리에 계실 것입니까?"

부처님께서는 이 말에 대해서 대답할 가치가 없었겠지요. 그러자 데바닷다는 또 얘기합니다.

"부처님, 이제는 저에게 부처님의 자리를 주시고, 부처님은 물러나십시오."

부처님은 거기에 대해서도 특별한 답을 안 하셨던 것 같습니다. 그럼에도 불구하고 데바닷다가 자꾸만 보채니, 부처님께서 말씀하셨습니다.

"부처의 자리는 중생이 찾는 것이지, 내가 억지로 해서 되는 것이 아니다. 너도 공부 열심히 하고 덕망을 갖추어서 부처님 소리를 들으면 된다."

이에 데바닷다는 앙심을 품었습니다.

'분명 천년만년 혼자 부처를 하려는 것이다. 사촌이면서도 나에게 자리를 양보하지 않는 것을 보니 어쩔 수 없다. 내 힘으로 부처의 자리에 올라야겠다.'

이런 아주 못된 마음을 먹고, 부처님을 극단적으로 시해하려는 음모를 꾸미게 됩니다. 먼저, 데바닷다는 코끼리에게 술을 먹여서 부처님에게 돌진시킵니다. 하지만 부처님의 법력으로 그 정도는 다 이길 수가 있었습니다. 그리고 손톱 밑에 독을 바르고 있다가 부처님과 대화하는 척하다가 부처님 얼굴을 할퀸 적도 있습니다. 그렇지만 역시 부처님은 그 정도는 또 다 이길 수가 있었습니다. 하지만 그래도 안 되자 영축산 위에 숨어 부처님께서 지나가실 때를 기다렸다가 돌을 굴렸습니다. 부처님은 맨발로 다니셨는데 발을 내미는 순간, 큰 돌이 부처님의 발등을 스치고 지나갔어요. 그러자 부처님의 발등에는

*착함의 씨앗을 심었으면 착함의 열매를 맺고
악함의 씨앗을 심었으면 악함의 열매를 맺습니다*

피가 났습니다. 말 그대로 출불신혈이라, 부처님 몸에서 피가 나게 한 것이죠.

그 과보로 데바닷다는 생함지옥, 즉 산 채로 무간아비지옥에 떨어졌다고 합니다. 이를 현실적으로 본다면, "데바닷다는 죄를 짓고 돌아다니다가 이생에서도 갖은 고생을 하였고, 그 죄의 과보로 인해 분명히 지옥에 떨어졌을 것이다."라고 말할 수 있어요.

이렇게 무간아비지옥에 떨어지는 경우가 다섯 가지가 있으니, 우리는 이 삶을 사는 동안에 이런 큰 죄를 짓지 않으려고 늘 노력을 해야 합니다. 그래서 아버지, 어머니를 잘 모셔야 합니다. 크게 잘 모시지는 못하더라도 아버지 어머니를 정신적으로 죽을 만큼 힘들게 해서는 안 됩니다. 육체적으로 죽이는 것도 죽이는 것이지만, 정신적으로 너무 힘들게 하면 그것도 죽이는 것입니다. 요즘은 부모님들을 너무 푸대접하는 수가 참으로 많습니다. 그런데 부모님들을 정신적으로 너무 학대하거나 힘들게 하면 그 사람은 분명히 큰 죄를 받는다는 것을 여기서 간접적으로나마 교훈을 얻을 수 있습니다.

또한 살아라한이라, 수행자들을 너무 이유 없이 힘들게 하면 그 또한 큰 과보를 받을 것이니 조심해야 합니다. 출불신혈이라, 데바닷다가 부처님 몸에 피가 나게 하고 생함지옥에 떨어졌어요. 그와 마찬가지로 부처님을 훼손하고 자기 이익 때문에 절을 이용한다거나 하면 좋지 않다는 것을 알아야 합니다. 그리고 파화합승이라, 잘 돼 가는 법회, 모임을 깨트리면 분명히 그 사람은 이생을 살면서도 힘들지만, 죽어서는 지옥으로 갈 수밖에 없다는 생각을 해야 합니다. 그런데 그런 경우들이 참 많습니다. 특정한 몇 명 때문에 신도회가 무너지고, 절이 흔들려서 망하는 수가 있습니다. 그런 사람은 사는 동안도 힘들고, 그 과보로 인해 지옥으로 떨어질 수밖에 없습니다. 저는 그렇게 확신합니다. 그러니까 불교 신행 활동하면서 절대 법회를 깨는 일은 없어야 하고, 열심히 수행하는 스님들을 괴롭혀서는 안 됩니다. 그러면 반드시 과보가 있다, 이 생각을 해야 합니다.

제가 다시 결론적으로 말씀을 드립니다.

우리는 불자입니다. 불자의 입장에서 부처님께서 말

씀하신 오역죄를 내 살림의 근간으로 삼아야 합니다. 나의 살림 몫으로 챙겨야 하는 것이지 남의 일이라고 생각해서는 안 됩니다. 그러므로 부모님을 살아생전에는 정신적으로도 잘 모시고, 돌아가셨을 때는 49재를 잘해 드려야 합니다. 또 부모님이 다음 생에 좋은 세상에 늘 계시도록 백중에는 천도를 잘해 드리는 것이 불자로서 기본이라 생각합니다.

우리가 과보를 겁내서 그러는 것이 아니라 불자로서, 부처님 제자로서 적어도 이 정도는 지키면서, '저러한 과보는 짓지 아니 하겠다' 라는 마음 자세로 살아야 하지 않겠습니까? 깊이 생각해 보시기 바랍니다.

 내일 다시 뵙겠습니다.
관세음보살

無一우학
說法大典

151
법당에 계신 부처님 이름 알기

2020. 07. 27. 대구큰절 옥불보전

 관세음보살. 유튜브불교대학 시청자 여러분, 반갑습니다. 오늘은 '법당에 계신 부처님 이름 알기'라는 주제로 말씀을 드리겠습니다.

질문입니다.

"법당에 계신 부처님 이름을 알려고 하면 어떤 방법이 있는지요? 각 부처님의 역할도 궁금합니다. 그리고 큰 법당과 대웅전이라는 말이 같은 말인가요?"

아주 중요한 질문을 해 주셨습니다.

절에 다니면서도 절에 모셔진 부처님이 무슨 부처님인지를 모른다면, 그것은 소가 다 웃을 일입니다. 그런데 그런 불자님이 꽤 많습니다. 지금부터 제 말씀을 잘 듣고 참고하셨으면 좋겠습니다.

'절의 가장 메인 부처님이 무슨 부처님인가?'라고 하는 것은 간혹 절의 이름에 나타나 있습니다. 가령, '비로암(毘盧庵)'이라 하면, 그 절의 메인 법당에 계신 부처님은 비로자나 부처님이 됩니다. '원통암(圓通庵)'이라고 한다면, 그곳에는 관세음보살님이 계십니다. '지장사(地藏寺)'라고 하면, 당연히 지장보살님이 그 절의 메인 부처님으로 계십니다. '미타사(彌陀寺)'라고 하면, 아미타 부처님이 법당의 주불(主佛)로 계십니다.

  절에서 제일 메인 법당, 중요 법당을 '큰법당'이라고 합니다. 그러므로 큰법당에는 그 절의 가장 상징적인 부처님이 모셔져 있다고 보면 됩니다. 그런데 이 큰법당을 대웅전이라고 생각하시는 분들이 있는데, 그것은 아닙니다. 대웅전(大雄殿)은 석가모니 부처님이 주불로 모셔진 법당입니다. 법화경(法華經)에서 석가모니 부처님을 '대웅맹세존(大雄猛世尊)'이라고 연유한 것이 바로 대웅전입니다. 그러므로 큰법당과 대웅전은 개념 자체가 다릅니다.

  좋은 예로 해인사의 경우입니다. 해인사의 큰법당은 '대적광전(大寂光殿)'입니다. 그리고 대적광전에는 비로자나 부처님이 모셔져 있습니다. 해인사의 가장 큰법당은 대적광전으로 거기에는 석가모니 부처님이 모셔져 있지 않습니다.

  또 다른 예로 통도사는 큰법당이 대웅전입니다. 통도사 대웅전에는 석가모니 부처님의 진신사리가 모셔져 있으므로 대웅전이라 불리는 것입니다. 이는 아주 당연한 것입니다.

만약 절에 갔을 때 대웅전이라는 현판이 걸려 있으면, '여기는 석가모니 부처님이 주불이시구나' 하고 알아차리면 됩니다. 그 법당의 부처님을 알아맞히는 데는 현판이 절대적인 판단 기준이 됩니다. '왜 하필이면 그 이름인가?', '현판 이름으로 나오는 그 부처님의 의미는 무엇인가?'에 대한 것들은 설명이 조금 필요합니다. 그런데 시간 관계상, 그 부분은 다음에 구체적으로 하겠습니다.

우선 불자들이 공식처럼 외워두면 좋을 만한 일이 아닌가 해서, 구구단 외우듯이 외우시라고 몇 가지 불러드릴 테니까 적어두시고 공식처럼 암기하시면 좋을 것 같습니다.

먼저 석가모니 부처님이 모셔져 있으면 당연히 대웅전(大雄殿) 또는 대웅보전(大雄寶殿)이라고 쓰여 있습니다. 대웅전, 대웅보전이라고 되어 있으면, 석가모니 부처님이 주불이라고 생각하면 딱 맞습니다.

둘째, 관세음보살님이 모셔져 있으면 관음전(觀音殿) 또는 원통전(圓通殿)이라는 현판이 붙어있습니다. 원통전이라고 붙어있다면, 그 법당의 주불은 관세음보살이다, 이 말입니다.

셋째, 지장보살님이 모셔져 있으면 지장전(地藏殿), 명부전(冥府殿)이라는 이름이 붙습니다.

넷째, 약사여래불이 모셔져 있다면 약사전(藥師殿), 만월전(滿月殿), 유리광전(琉璃光殿), 이렇게 현판이 붙어있습니다.

다섯째, 미륵 부처님이 모셔져 있는 경우에는 미륵전(彌勒殿), 용화전(龍華殿)이라고 되어 있습니다. 통도사 용화전이 아주 유명합니다. B.U.D 세계명상센터가 있는 한국불교대학 大관음사 감포도량의 이불병좌선방 중 하나가 용화전입니다. 그 안에는 당연히 미륵 부처님이 모셔져 있습니다. 꼭 한번 친견해 보시기를 바랍니다.

여섯째, 연등 부처님이 모셔져 있다면 연화전(蓮華殿)입니다. 감포도량의 이불병좌선방 이름 중 하나가 바로 연화전입니다.

일곱째, 우리가 친근히 알고 있는 아미타불이 모셔져 있는 법당은 극락전(極樂殿), 아미타전(阿彌陀殿), 미타전(彌陀殿), 무량수전(無量壽殿)이라고 합니다.

여덟째, 비로자나 부처님이 모셔져 있는 경우입니다. 비로전(毘盧殿), 광명전(光明殿), 대광명전(大光明殿), 적광전(寂光殿), 대적광전(大寂光殿), 화엄전(華嚴殿)이라는 현판이 걸려 있으면, 비로자나 부처님이 주불입니다.

그리고 우리가 늘 가까이하는 문수보살님이 모셔져 있으면 문수전(文殊殿), 보현보살님이 모셔져 있으면 보현전(普賢殿), 나한이 모셔져 있다면 나한전(羅漢殿), 이렇게 간단하게 알 수 있는 전각도 있습니다.

만약 현판에서도 힌트를 잡을 수 없다면, 기록에 의해서 찾아야 합니다. 부처님을 조성할 때, '여기에 어떤 부처님으로 모신다' 라고 적어둔 게 있습니다. 그것도 판단 기준이 됩니다.

각 부처님의 역할, 특히 '이 부처님의 이름이 왜 이렇게 나오게 되었는가?' 에 대한 설명은 후일에 하겠습니다. 미륵 부처님을 모신 법당을 용화전이라고도 하는데, '용화'라는 말이 도대체 어디서 왔을까, 그에 대한 자세한 이야기는 후일에 다시 말씀드리겠다는 것입니다.

간단하게 몇 가지만 말씀을 드리면, 관세음보살님은 부처님을 어머니처럼 부를 때 '대성자모(大聖慈母) 관세음보살'이라고 합니다. 지장보살님은 '갈 때까지 간 중생을 제도하겠다'라고 해서 불릴 때의 부처님 이름입니다. 약사여래불은 '아픈 사람, 고통에 처한 병마를 어쨌든지 물리쳐야겠다' 이러한 간절한 소원을 가지고 부르는 이름이 바로 약사여래불입니다. 미륵 부처님은 '미래에 우리의 희망으로 다가오시는 부처님', 그 부처님을 얘기할 때는 부르는 이름이 미륵 부처님입니다. 비로자나 부처님은 진리의 상징으로, '진리이신 부처님'을 부르기 위해 이름을 붙인 것이 바로 비로자나 부처님입니다.

이처럼 법당에는 많은 부처님, 그리고 여러 부처님이 각각의 역할과 제도 방편에 따라서 나투십니다. 그런데 불자들은 늘 부처님을 친견하면서도 이 부처님이 어떤 분인지 잘 모르고, 부처님의 역할이 무엇인지 모르는 경우가 많아서 특별히 이 부분에 대해서 말씀을 드렸습니다.

후일 정확히 무량수전은 왜 무량수전이라 하고, 용화전은 왜 용화전이라 하며, 유리광전은 왜 유리광전이라 하고, 대적광전은 왜 대적광전이라고 하는가, 각각의 의미는 무엇인지 말씀을 드리도록 하겠습니다.

 늘 건강하시고 내일 다시 뵙겠습니다.
관세음보살

無一우학
說法大典

152
9988234, 불자는 나이가 들어도 청춘처럼 산다

2020. 07. 28. 대구큰절 옥불보전

 관세음보살. 유튜브불교대학 시청자 여러분, 반갑습니다. 오늘은 '불자는 나이 들어도 청춘처럼 산다' 라는 주제로 말씀드리겠습니다.

청춘처럼 산다는 말은 젊고 활기차게 산다는 말입니다. 올바른 불교 견해, 즉 정견(正見)을 가진 불자라면 시간의 무상(無常) 함을 느끼면서 지극한 평온의 경지를 노닐 줄 압니다. 항상 함(常), 즐거움(樂), '나' 아님이 없음(我), 맑고 깨끗함(淨), 이 상락아정(常樂我淨)의 열반의 여여함, 즉 지극한 평온의 경지를 노닐 줄 안다는 말입니다.

그래서 정견의 불자들은 초조해하지 않고 불안해하지 않습니다. 죽음조차 인식하지 않습니다. 정견의 불자, 바른 견해를 가진 불자가 되면 죽음도 겁나지 않는다는 말입니다.

보통 세속 사람들이 '9988234(구구팔팔이삼사)' 라고 해서, '구십구(99) 세까지, 팔팔(88) 하게 살다가, 2, 3초(23) 머뭇거리다가, 죽는 게(4, 死) 행복하다' 라고 말해요. 세상 사람들은 2, 3일이라 하는데 2, 3일도 너무 깁니다. 2, 3초 정도 숨 헐떡거리다가 죽는 게 행복합니다.

그렇다면 어떤 마음의 자세, 정견으로 살아야 하는가?

첫째, 몸이 곧 법당임을 잊지 않아야 합니다.

법당이 허름해지면 물이 새거나 겨울에는 찬 바람이 숭숭 들어옵니다. 그러면 안에 계신 부처님이 아주 힘듭니다. 부처님이 상합니다. 우리의 몸과 마음이 다 그러합니다. 몸이 법당이라고 생각하고 비가 새지 않도록, 바람이 들어오지 않도록 늘 유념해야 합니다. 그래야 마음이라는 부처가 건전하게 존재할 수 있습니다. 그래서 법당을 튼튼하게 유지하기 위해서는 걷기 운동을 많이 해야 합니다. 또 근력 운동도 하시고요. 유연성을 위해 유연 운동도 하셔야 합니다. 음식도 자기 건강에 맞게 잘 챙겨 먹어야 합니다. 영양제도 잘 먹어야 하고요. 늘 허리 꼿꼿이, 말 그대로 보무(步武)도 당당한 걸음걸이를 하셔야 합니다. 그것이 바로 나이 들어도 청춘처럼 사는 일입니다.

둘째, 나 스스로 불성(佛性) 존재임을 잊지 않아야 합니다.

내 안에 부처님 성품이 있음을 믿고, 그 어떤 것도 두려워하지 않아야 합니다. 나이 들었다고 해서 두려워할 것이 아니라, 새로운 문화도 좀 배워야 합니다. 예를 들면, 유튜브 같은 것도 배워서 하고, 인터넷 카페에 들어가서 활동도 하십시오.

우리가 흔히 불성(佛性)이라 하는데, 불성이 무엇일까요? 불성, 즉 부처님 성품은 지혜와 자비의 충만함입니다. 이러한 부처님 성품이 내 안에 있다는 것을 늘 자각해야 합니다. 내 안에 불성이 있음을 자각하면, 그 삶이 자신만만하고 당당합니다. 자신만만하고 당당하게 존재하려면 '나는 불성 존재이다' 라는 것을 늘 잊지 않아야 합니다. 그러면 청춘처럼 살 수 있습니다.

셋째, 늘 내가 공부인임을 것을 잊지 않아야 합니다.

공부는 늘 학생으로서의 자세가 필요합니다. 불교 공부는 할 것이 하도 많아서 몇 평생을 배워도 다 못 배웁니다. 그래서 '나는 팔만대장경을 다 배우겠다' 이런 생각을 꼭 해야 합니다. 그러면 늙는다는 생각 자체를 할 수가 없습니다.

그러므로 불교대학 다니면서 공부도 많이 하시기 바랍니다. 불교대학 공부를 절대 놓치면 안 됩니다. 임종 순간까지 불교 공부하고, 유튜브를 통해서라도 생활법문 또는 금강경, 육조단경과 같은 경전 강의를 들으시기 바랍니다. 늘 읽고 쓰고 사유하며 산다면, 돌아가실 때까지 나이 관계없이 청춘처럼 살아갈 수 있습니다.

넷째, 나는 부처를 완성해 가는 과정이라고 생각하면서 보살행을 잊지 않아야 합니다.

부처님은 보살행(菩薩行)을 통해서 완성됩니다. 그러므로 이웃을 위해서 다니는 절을 위해서, 몸을 움직일 수 있는 한 내가 필요한 곳에 나아가서 봉사활동을 해야 합니다. 그리하면 연세가 들어도 불자는 청춘처럼 살 수 있습니다.

다섯째, 늘 불교적 수행을 해야 함을 잊지 않아야 합니다.

수행과 마음공부는 절대 늙지 않는다는 것을 스스로 체험케 하는 공부입니다. 마음이 늙지 않으면 육신은 그리 신경 쓰지 않으셔도 됩니다. 늘 마음공부하면 나이가 들어도 청춘처럼 살 수 있습니다.

여섯째, 멋있는 회향을 그때그때 할 것을 잊지 않아야 합니다.

그때그때 멋있는 회향을 할 것을 잊지 않아야 한다, 즉 좋은 일을 할 때는 미루지 말고 돈을 쓸 때는 쓰고, 보시할 때는 보시하며 살라는 말입니다. 공덕 지을 때는 공덕 짓고, 그때그때 늘 회향의 기분을 만끽하면서 산다면 청춘처럼 살 수 있습니다. 너무 아끼고 인색하면 늙습니다. 빨리 늙습니다. 잘 회향하면서 사는 사람은 청춘처럼 아주 멋있게 살 수 있습니다.

제가 전체를 다시 요약해서 말씀드립니다.

정견(正見)을 가진 불자는 나이 들어도 청춘처럼 살 수 있다, 첫째, 내 몸이 곧 법당임을 잊지 않아야 합니다. 몸 관리를 잘하라는 것이지요.

둘째, 나는 불성 존재임을 잊지 않아야 합니다.

셋째, 나는 공부인임을 늘 잊지 않아야 합니다.

넷째, 나는 부처를 완성해 가는 과정이라고 생각하면서, 보살행을 잊지 않아야 합니다.

다섯째, 항상 불교적 수행을 해야 함을 잊지 않아야 합니다.

여섯째, 멋있는 회향을 그때그때 할 것을 잊지 않아야 합니다.

이렇게 사신다면 연세가 들어도 나이 들어도 청춘처럼 살 수가 있습니다. 늘 청춘처럼 사는 불자가 되시기를 바랍니다.

내일 다시 뵙겠습니다.
관세음보살

無一우학
說法大典

153
이렇게 태교하라, 불교 태교가 최고!

2020. 07. 29. 대구큰절 옥불보전

※ 불교신문 기획연재 '우학스님의 유튜브 불교대학'의 글을 그대로 수록하였습니다. 생생한 우학 스님의 설법은 유튜브에서 확인하시기 바랍니다.

관세음보살. 우리 시청자들께서 열렬히 정신적으로 지원해 주시고, 실지로 동참해 주신 덕분에 드디어 유튜브불교대학이 구독자 4만 명에 올라섰습니다. 정말 감사드립니다. 단시간에 4만 명 구독자를 달성한 것을 보면, 머지않아서 10만 구독자가 생기고 100만 구독자가 생기리라고 봅니다. 그리하면 이 세상은 유튜브불교대학으로 해서 부처님 법음이 많이 퍼지는 세상이 되지 않을까 생각합니다. 아무쪼록 지금처럼 열심히 해 주시고, 주위에 많이 포교해 주시면 더욱 감사하겠습니다. 유튜브불교대학은 전 세계에 있는 불자들을 상대로 방송하기 때문에, 유튜브불교대학은 말 그대로 유튜브를 보는 모든 불자들의 것입니다.

B.U.D 세계명상센터가 있는 감포 무일선원에는 현재 '유튜브 명상관', '유튜브 불교대학 개교 기념관'이 지어지고 있습니다. 후일 완성되고 코로나 사태가 진정되면, 이곳으로 유튜브불교대학 학생들, 시청자들을 초대하겠습니다. 열심히 해 주심에 대해서 다시 한번 진심으로 감사드립니다.

오늘은 '불교 태교가 최고다. 이렇게 태교하라' 라는 특별한 주제를 가지고 말씀을 드리겠습니다. '태교가 왜 중요한 것인가?' 그리고 '태교를 어떻게 할 것인가?'에 관련된 일반적인 이야기는 이미 알만 한 사람은 다 안다고 봅니다. 하지만 오늘 말씀드리고자 하는 태교 이야기는 '불교적 입장에서는 태교를 어떻게 이해해야 하는가?' 그리고 '불교적 입장에서는 태교를 어떤 방법으로 할 것인가?' 하는데 그 주안점이 있습니다.

부모은중경에는 '칠칠육정개(七七六精開)'라는 말이 있습니다. 임신한 지 칠칠, 즉 49일이 되면, 육근(六根)의 문이 완전히 작동한다는 것입니다. 육근, 안(眼)·이(耳)·비(鼻)·설(舌)·신(身)·의(意), 즉 눈·귀·코·혀·몸·생각이라는 모든 인식 기관이 제대로 움직이는 시점이 49일이라는 것입니다.

십이연기(十二緣起)의 시간적 고찰에서 보면, 무명(無明), 행(行)은 과거세의 일이고, 식(識), 명색(名色), 육입(六入), 촉(觸), 수(受), 애(愛), 취(取), 유(有)는 현재세의 일입니다. 그리고 생(生), 노사(老死)는 미래세의 일입니다.

　이 중, 현재세의 일들은 현재세 안에서도 끊임없이 반복됩니다. 매일매일, 순간순간 거듭된다고 봐야 합니다. 그렇듯이 어머니 태 속의 아이 역시 똑같이 작동된다는 사실입니다. 왜냐하면, 태 속의 아이는 이미 완전한 생명체로서 존재하기 때문입니다. 태아는 이미 어머니와 한 몸의 생명체일뿐더러, 그 개체 또한 하나의 생명체로서 자리하고 있습니다. 모자불이(母子不二), 즉 자식과 어머니는 둘이 아닙니다. 이체동근(二體同根), 즉 몸이 두 가지로 있지만 한 뿌리입니다. 우리가 늘 쓰는 일심동체(一心同體)라는 말이 아주 적격합니다.

　어쨌든, 태 속의 아이는 어머니의 신(身)·구(口)·의(意), 즉 행동과 말과 생각을 같이 합니다. 최근, 미국의 피츠버그 대학의 연구에서, '지능지수를 결정하는 데 있어서, 유전자의 역할 비율이 48퍼센트, 태내의 환경이 52퍼센트 차지한다.'고 발표를 했습니다. 이 연구에서는 지능지수만을 이야기하지만, 저는 더 나아가서, 인격이나 성격이 어머니의 신(身)·구(口)·의(意) 삼업(三業)

의 영향으로 거의 고착화된다고 봅니다. 그러므로 '어머니가 배 속에 아이를 품고 있는 동안, 어떻게 살아야 자식이 태내에서 건전하게 성장할 것인가?' 그리고 '출생 후에도 지혜롭고, 인격 좋고, 성격 원만한 인간으로 살아갈 수 있게 하기 위해, 어머니가 태교를 어떻게 해야 할 것인가?' 이 두 가지가 엄청 중요하지 않을 수 없습니다.

단도직입적으로 말씀드리자면, 잉태한 어머니의 육근(六根)이 청정해야 합니다. 즉, 눈·귀·코·혀·몸·생각이 청정해야 그 아이도 청정합니다. 구체적으로 예시를 해보겠습니다.

첫째는 눈(眼)입니다.

눈이 먼저 청정해야 합니다. 눈으로는 무자비한 것, 보면 안 됩니다. 그리고 충격적인 것, 보면 안 됩니다. 대신에 늘, 부처님의 자비로운 상호를 봐야 합니다. 특히, 관세음보살님의 온화하고도 따뜻한 눈길을 자주 봐야 합니다. 일부러라도 아름다운 부처님을 찾아가서 틈틈이 친견하면, 분명히 부처님을 닮은 복과 지혜가 출중한 아이가 태어날 것입니다.

둘째는 귀(耳)입니다.

귀가 청정해야 합니다. 귀로는 나쁜 소리, 절대 들으면 안 됩니다. 그리고 부정적인 얘기, 들으면 안 됩니다. 또한, 남 험담하는 소리, 들으면 안 됩니다. 오로지 긍정적인 얘기, 불교 명상음악, 밝은 찬불가, 스님들의 힘찬 염불 등을 자주 접해야 합니다. 같은 맥락에서 금강경, 관음정근을 태교음악 삼아 들으시면 좋습니다. 물론 같이 따라 하시면 태교에는 아주 그저 그만입니다.

셋째는 코(鼻)입니다.

코가 청정해야 합니다. 가끔 향을 피우되, 아주 좋은 향을 사용하십시오. 그리고 비린내가 심하게 나는 것, 일부러 코를 들이대서 맡으면 절대 안 됩니다. 그런 음식을 장만하는 것도 임신 때는 피해야 합니다. 자극적인 냄새 역시 피해야 코가 지저분해지지 않습니다. 절에 나가서 가끔씩이라도 은은한 법당 향내음을 맡는 것을 권해드립니다.

넷째는 혀(舌)입니다.

혀가 청정해야 합니다. 혀로는 절대 나쁜 말 하면 안

됩니다. 임신 중에 나쁜 말 하면, 아기에게 곧바로 연결됩니다. 아주 조심해야 합니다. 그리고 개고기 같은 영물의 고기는 절대 먹어서는 안 됩니다. 고기를 먹을 때는, 오정육(五淨肉)을 드십시오. 유튜브불교대학에 들어가서 '오정육' 찾아서 꼭 들으시기 바랍니다. 고기를 드시지 말라는 것이 아닙니다. 그리고 입으로는 늘 부처님 경전 읽고, 스님들 지은 책 읽고, 염불수행하십시오. 그렇게 하면 입의 청정이 잘 유지됩니다.

다섯째는 신(身)입니다.

신, 즉 몸이 청정해야 합니다. 나쁜 짓 안 하고, 나쁜 곳에 가지 않아야 합니다. 직접 살생하는 것은 꼭 피하시고, 몸을 움직여 할 수 있는 수행, 즉 사경하시면 좋습니다. 무리하지 않는다면 천천히 절하는 것도 권해드립니다. 법당에 자주 나오는 것만으로도 몸이 반듯해지고, 청정해질 것입니다. 어머니의 몸이 반듯해지면, 태내의 아이도 당연히 그 심신(心身)이 반듯해집니다.

여섯째는 의(意)입니다.

의, 즉 생각이 청정해야 합니다. '생각이 청정하다'

라고 함은 탐(貪)·진(瞋)·치(癡)의 삼독심(三毒心)을 내지 않는다는 말입니다. 헛된 욕심을 버려야 하며, 화내는 마음을 일으키지 않아야 하며, 어리석은 마음을 내서는 안 됩니다. 삼독심을 내면 배 속의 아이에게는 절대적으로 좋지 않습니다. 늘 바른 것만 생각하면서, 언제나 따뜻한 관세음보살의 미소를 잊어서는 안 됩니다. 그리고 긍정적으로 사유해야 합니다. 아무튼 어머니의 생각이 청정하면 배 속의 아이 역시 그 생각이 청정하며 몸까지 청정해질 것입니다.

이상, 육근(六根) 청정에 대해서 말씀드렸습니다.

한 가지 더, 태교에 대해 말씀드리겠습니다. 바로 계(戒)·정(定)·혜(慧)의 삼학(三學)을 익히고 닦으라는 것입니다.

먼저, '계(戒)'라 하면 행위입니다. 어머니의 생각과 행동이 반듯해야 합니다. 임신 중에는 어떤 작은 미물일지라도 악한 마음을 가지고 함부로 죽이면 안 됩니다. 모든 면에 있어서 가능하면 나쁜 짓 하지 말고, 선행을 베풀어야 합니다.

*부처님을 찾아가서 친견하면 부처님을 닮은
복과 지혜가 출중한 아이가 태어날 것…*

그다음 '정(定)'이라 하면 정서적 안정을 말합니다. 어머니가 불안하면 아이에게 절대 안 좋습니다. 태교는 정서적 안정이 최우선입니다. 그러므로 늘 명상하셔야 합니다. 명상의 종류가 많습니다만, 가능하면 자기가 짜증 내지 않고 기쁘게 할 수 있는 과목을 택해야 합니다. 관세음보살 정근, 대승경전 사경, 호흡수식관, 간화선, 선관쌍수, 금강경 독송, 절 등 뭐든지 관계가 없습니다. 아무튼 늘 마음 수행을 해야 합니다. 명상을 하면 뇌파가 알파파(α파)로 유지됩니다. 알파파의 유지는 스트레스를 없애고 마음의 안정을 가져와서 태내 아이에게 절대적 편안함을 줄 수 있습니다.

그다음, 삼학 가운데 마지막으로 '혜(慧)'라 하면, 밝은 지혜를 갈고닦음을 말합니다. 부처님 경전도 좀 공부하고 유튜브를 통해서라도 법문을 늘 들으셔야 합니다. 그렇게만 한다면, 아이에게 지혜의 밑천이 보장됩니다. 그리고 감사와 긍정, 사랑의 이야기가 담긴 일기를 틈틈이 부담 없이 쓰십시오. 이는 혜학(慧學)을 진실로 실천하는 일이 될 것입니다.

어쨌든 태교에 있어서 계(戒)·정(定)·혜(慧) 삼학(三學)의 중요성은 아무리 강조해도 지나치지 않습니다.

제가 지금까지, 태교에 대해 자신있게 말씀을 드렸습니다만, 정말 태교에 대한 불교전문가는 우리 조계종의 전계 대화상이신 '성'자 '우'자, 성우 대종사이십니다. 저의 비니 정맥의 스승이시기도 합니다. 큰스님께서는 태교 법문에서 꼭 말씀하십니다.

첫째는, "임신 중에 반드시 육바라밀을 실천하라."라고 하셨습니다.

둘째는, "임신 중에 꼭 천도재를 올려드려라."라고 하셨습니다.

셋째는, "임신 중에 할 수 있다면 방생을 많이 하라."라고 하셨습니다. 법력이 크시고 수행이 깊은 큰스님의 말씀이니, 임신 중에 있는 여성들은 귀담아들으시고, 실천하시길 바랍니다.

마지막으로 다시 정리해서 말씀드립니다.

태교는 육근청정(六根淸淨)이 첫째 관건입니다. 그리고 삼학(三學)을 잘 실천해야 합니다. 관세음보살 정근을 늘 하시되, 자비스런 상호를 늘 떠올리십시오. 그리고 금강경 독경소리를 들으면서 사경하시고 소리 내서 독송도 하시면 좋습니다. 또한, 매일매일 기분 좋은 마음으로 감사 일기를 꼭 쓰십시오.

이상, 제가 제시한 대로만 태교하신다면, 분명히 인격이 훌륭하고, 아이큐(IQ) 이큐(EQ)가 높은 아이를 얻을 수 있습니다. 새로운 생명이 이 세상에 오는 시점은 배 속 잉태부터입니다. 첫 출발의 여건과 환경은 출생 후 평생을 좌우합니다. 100살 인생이 열 달 태교에 달려있음을 결코 잊어서는 안 됩니다.

내일 다시 뵙겠습니다.
관세음보살

無一우학
說法大典

154
부처님 이름이 많은 이유

2020. 07. 30. 대구큰절 옥불보전

 관세음보살. 유튜브불교대학 시청자 여러분, 반갑습니다. 오늘의 주제는 '부처님 이름이 많은 이유' 입니다.

질문입니다.

"불교는 왜 그렇게 부처님들이 많은가요? 기독교처럼 하나님, 하느님 한 분으로 부를 수는 없는가요? 불교에는 너무 많은 부처님 이름이 등장하기 때문에, 마치 범신교(汎神敎), 다신교(多神敎)처럼 보입니다. 부처님 이름, 명호가 많은 이유가 따로 있나요?"

상당히 일리 있는 말씀입니다. 불교에 처음 들어온 초심자들이 이 부분 때문에 혼돈을 느끼는 것이 사실입니다. 다른 종교처럼 간단했으면 좋겠지만, 그게 아니니까 어렵습니다. 이에 대해 '불교는 부처님의 자비 방편이 넓고 크다' 라고 이해하시면 좋을 것 같습니다. '부처님의 자비 방편이 넓고 크다', 즉 '중생 각각의 근기가 다르고, 각각의 중생이 원하는 바가 다르므로, 부처님께서 여러 몸으로 나툴 수밖에 없다' 라는 것입니다. 다시 말해, 중생의 숫자만큼 부처님 역할이 필요한 것입니다.

그래서 부처님께서 하시는 역할마다 이름이 붙습니다. 그러니 명호, 부처님 이름이 많을 수밖에 없습니다.

 그럼 원래 부처님은 어떤 분일까요? 원 부처님은 진리이신 부처님, 법신불(法身佛)입니다. 아함경(阿含經)에서는 '여래지체신(如來之體身) 법신청정(法身淸淨)'이라, '부처님의 진정한 몸은 청정한 진리의 몸이다' 라고 했습니다. 진리를 체(體)로 삼으신 부처님은 마치 허공처럼 계십니다. 허공에 아무것도 없는 것처럼 보이지만, 저 허공이 온 우주의 원동력이요, 온 우주의 생명력인 것처럼 부처님은 마치 저 허공처럼 계십니다. 따라서 부처님은 부처님 자체가 무한 창조요, 보편 평등 그 자체로 계십니다.

 그런데 이러한 부처님의 능력을 중생의 근기로는 가늠하기가 대단히 어렵습니다. 그래서 부처님께서 많은 방편과 구제 원력을 가지고 중생들에게 나투십니다. 예를 들면, 원(願)과 행(行)의 과보로 나투실 때는 극락세계의 주재자이신 '아미타 부처님'의 이름으로 나투십니다. 또, 현재 지구 중생의 어버이로 나타나실 때는 '석가모니 부처님' 이름으로 나투십니다. 그리고 미래 세상에 희망의 부처님으로 오실 때는 '미륵 부처님'으로 나타나십니다.

이처럼 우리 중생들의 근기에 따라서 이름을 바꾸어서 나타나시지만, 여전히 중생들은 부처님을 너무 어렵게 생각하고 멀리 계신다고 생각하니, 부처님께서 다시 한번 더 중생 몸 가까이 나타나십니다. 즉, 더욱더 중생의 형상으로 나타나시는데, 그 모습이 다 '보살'의 모습입니다. 그래서 보살의 모습으로 나타나시는 부처님들이 어쩌면 중생들에게는 다행스럽고도 좋은 기회라고 볼 수도 있습니다. 중생들에게 한량없는 가피를 내리시다 보니, 우리 인간들의 모습과는 전혀 다른 부처님의 모습이 아니라, 중생들의 모습에 가까운 보살의 모습으로 나타나시더라, 이 말입니다. 그래서 지혜가 필요한 사람에게는 '문수보살'로, 지옥 중생들에게는 '지장보살'로, 그리고 우리의 어머니처럼 더욱 다정다감하게 불릴 때는 바로 '관세음보살'로 나투십니다. 이해가 되시는지요?

그 이름만 다를 뿐이지 결국에는 진리이신 법신불, 그 한 부처님을 지칭하고 있습니다. 예를 들어, '순이'라고 하는 사람이 있다고 가정했을 때, '순이'는 자기 역할 따라 많은 이름을 가질 수 있습니다. '부인'이라는 이름으로 불릴 수도 있고요, 또 '옆집 아주머니'라고 불릴 수도 있습니다. 만약 사업을 한다면, '사장'으로 불릴 수도 있습니다. 또한 아이가 있다면 '어머니'로 불릴 수도 있고요. 조카가 있다면 '이모', '고모', '숙모'라는 이름으로도 불릴 수 있습니다. 그런데 어떻게 불리든지 간에 결국은 다 '순이'를 말하는 것입니다. '순이'라고 하는 한 사람을 지칭하게 됩니다. 이와 같이 부처님의 이름은 많습니다. 하지만 그 많은 이름은 모두 중생의 근기와 방편에 따라 나타나는 것입니다.

다시 말씀드리면, 우리가 '관세음보살'을 부르더라도, 진리이신 '법신 부처님'을 찾게 되는 것이고, '문수보살', '지장보살'을 부르더라도 역시 진리이신 '법신 부처님'을 부르는 것이며, '미륵불'이나 '석가모니불'을 부르더라도 역시 진리이신 '법신 부처님'을 부르는

수많은 방편과 구제 원력을 가지고 수많은 모습으로 중생들에게 나투시는 부처님

것입니다. 그러므로 어느 부처님 이름을 부르든지 지극 정성하면 다 똑같습니다.

그런데 일반적으로 관세음보살을 많이 부르는 것은 관세음보살님이 가지고 있는 이미지, 상징성 때문에 그렇습니다. 우리가 관세음보살님을 '대성자모(大聖慈母) 관세음보살'이라고도 하는데, '크게 성스러운 자비의 어머니, 관세음보살', 그러니까 '부처님은 다 똑같은 한 부처님인데, 부처님을 어머니처럼 아주 친근감 있게 부르기 위해서 관세음보살이라고 한다' 이 말입니다.

그래서 우리가 기도하거나 조금 친근감 있게 부처님 이름을 부르고자 할 때에는 관세음보살이 제일 무난합니다. 저 역시 관세음보살님의 명호를 부르는 관세음보살 정근 기도를 늘 합니다. 참고하셨으면 좋겠습니다.

부처님의 이름이 이렇게 많은 것은 부처님의 자비 방편과 구제 원력이 넓고 크기 때문이라는 것을 다시 한번 말씀드리며 마치겠습니다.

 내일 다시 뵙겠습니다.
관세음보살

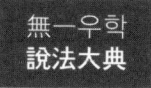

155
하안거, 선방 대중공양에 대하여

2020. 07. 31. 대구큰절 옥불보전

관세음보살. 유튜브불교대학 시청자 여러분, 반갑습니다. 오늘은 좀 평이한 문제를 가지고 말씀드리겠습니다. '하안거(夏安居) 선방 대중공양에 대하여' 라는 주제입니다.

질문입니다.

"어쩌다가 만나는 신도님이 무슨 얘기 끝에, '하안거라서 자기 도반들과 함께 선방에 대중공양 간다' 라는 말을 하던데, 초파일에만 절에 가는 저로서는 '하안거' 니, '대중공양' 이니 하는 말들이 아주 생소했습니다. 도움말씀 부탁드립니다."

하나씩 말씀드리겠습니다.

먼저, '하안거(夏安居)' 라는 말은 여름철에 안거를 난다고 해서 하안거입니다. 반대로 겨울철에 안거를 난다면 '동안거(冬安居)' 가 되겠지요. 여기서 이 '안거(安居)' 라는 말은 '스님들이 모여서 외부 출입을 자제하고 함께 정진한다' 이런 뜻이 있습니다.

대한불교조계종에서는 '안거를 얼마나 났느냐?', '안거 수가 얼마냐? 라고 하는 것을 따질 때가 더러 있습니다. 특히 방장 등 큰 소임을 맡길 때는 꼭 안거 수를 이야기합니다. 보통 선원장이나 방장은 20안거는 기본으로 나야 합니다.

하안거든 동안거든 안거 기간은 3개월입니다. 하안거는 주로 4월 보름에서부터 7월 보름까지, 동안거는 10월 보름부터 그 이듬해 정월 보름까지 정진을 합니다. 그래서 하안거, 동안거는 공히 3개월이 기본입니다.

전국의 선원은 약 100개 정도 됩니다. 100개 내외입니다. 사정이 어려울 때는 선방이 문을 닫기도 하고, 사정이 좋으면 문을 열기도 합니다. 그래서 평균 100개 정도 됩니다. 비구 스님들 선방과 비구니 스님들 선방을 모두 합쳐서 그렇습니다. 비구 스님들 선방이 한 6, 70개 되고요. 비구니 스님 선방은 한 3, 40개 됩니다. 정식 선원으로 인정을 받으려면, 최소 8명이 모여서 정진을 해야 합니다. 5, 6명으로는 선방으로서 인정받지 못합니다.

부처님 계실 때는 비가 많이 오는 우기(雨期)에 탁발하러 다니기가 어렵고, 다니다 보면 벌레도 밟게 되고 해서 이러한 하안거 제도가 나왔다는 말을 많이 합니다. 그렇다면 하안거 기간에는 먹지 않았는가, 제가 생각하기에는 아마 그 기간에는 신도님들이 절에 와서 스님들에게 공양을 올리지 않았겠는가 추측합니다. 스님들께 먹을 것, 입을 것 등을 올리는 것을 '공양'이라고 합니다. 대중적으로 단체로 많이 올리기 때문에 '대중공양'이라 이렇게 이름을 붙입니다. 한 개인에게 올리는 것이 아니라 전체 단체를 상대로 공양을 올린다면 대중공양인 것입니다.

가끔 개인적으로도 하고, 몇몇 신도님들이 힘을 합쳐서 스님들이 공부하는 선방에 대중공양 올리시려고 많이들 다니십니다. 아주 좋은 일입니다. 선방을 유지하려면 전기, 보일러 등 많은 유지비가 드는데, 그런 부분을 고려해 선방 유지비로 쓸 수 있도록 금전을 대중공양으로 올리는 수도 많습니다.

제가 창건하여 운영하고 있는 무일선원 무문관에도 가끔 신도님들이 오셔서 대중공양을 올려 주십니다. 그 덕분으로 우리 선방이 국내 유일의 3년 정진 무문관 선방으로 잘 운영이 되고 있습니다. 모두 대중공양 오시는 분들의 덕분이 아닌가 싶습니다. 참으로 감사를 드립니다.

 이곳 무문관은 3년간 폐문을 하고 정진하는 선방입니다. 2005년에 문을 열었으니, 그리 오래된 세월은 아닙니다. 이곳은 하루 한 끼 먹는 일종식(一種食)을 하면서 3년씩 용맹정진(勇猛精進) 하는 곳입니다. 신도님들께서 대중공양을 올려 주시면, 무문관에 계신 스님들에게 일종식 도시락이 들어갈 때 축원장도 함께 넣어 드립니다. 그러면 선방 안에서 스님들이 나름 그 시주의 은혜를 생각하면서 축원을 해 드립니다.

 대중공양을 하러 다니는 단체로, '삼보공양회'라는 아주 좋은 단체가 있습니다. 얼마 전에도 재료를 다 준비해 오셔서, 밥과 나물을 우리 공양간에서 직접 다 만들어서 스님들 공부하는데 넣어 드렸습니다. 그랬더니 얼마 전에 '오늘 공양을 정말 잘 했습니다. 너무 감사드립니다. 공양을 해 주신 분에 대해서 감사를 드립니다' 라며 쪽지가 나왔어요. 이 삼보공양회는 무일선원에 공양주가 없어서 애를 먹을 때도 가끔 오셔서 공양을 지어 주시고, 평소에도 오셔서 국수와 같은 면공양을 올려 주셔서 스님들이 공양을 드시고 다들 좋아하셨습니다. 제가 선방 운영자로서 진심으로 삼보공양회에 감사의 말씀을 드립니다.

가끔 어떤 분들은 "시중에서 사 온 밥과 나물을 선방에 넣으면 안 됩니까?"라고 말씀하시는데, 그것은 절대 안 될 일입니다. 왜냐하면 선방에 있는 스님들은 조미료가 들어간 음식을 일절 먹지 않습니다. 그리고 오신채를 일절 드시지 않습니다. 그런데 시내에 파는 음식들은 대부분 조미료와 오신채를 씁니다. 그러므로 시중에서 파는 음식들은 안 됩니다. 과일이나 떡 공양 같은 것은 올리셔도 됩니다. 떡도 혹시 조미료가 들었다거나 오신채가 들어간 떡이라면 안 되겠습니다. 과일 공양은 어떤 과일이라도 가능할 것 같습니다.

참고로 몇 가지 더 말씀드리겠습니다.

하안거 때 전국 선방이 한 100개 정도 가동된다고 했는데, 그 전체 인원이 외호 대중을 포함하여 2000명쯤 됩니다. 하안거에 2000명 정도가 정진하는 것이니까, 동안거를 합하면 한 4,000명 이렇게 되는 것입니다. 그리고 일반 선방에서는 보통 정진 시간이 한 10시간에서 12시간, 14시간까지 하는 데도 있습니다. 정진 시간은 그러합니다. 또, 한국불교 특성상 스님들은 화두를 잡고 하는 간화선 수행을 주로 많이 하고 있습니다.

혹시 재가자 신도로서 '나도 선방에 들어가서 공부 좀 하고 싶다'라고 하신다면, 재가자들만 모아서 정진하는 선방도 더러 있습니다. 아주 특별하게는 스님들과 같이 수행할 수 있는 여건의 선방도 있습니다. 그러므로 선방이 열리고 있는 절에 전화를 해서 문의하시기 바랍니다. 반드시 먼저 전화를 해서, "제가 한 철 동안 스님들과 같이 정진을 해도 되겠습니까?" 이렇게 허락을 얻고, 그 절차를 밟으셔야 합니다.

한국불교대학 大관음사의 감포도량 무일선원 무문관에도 재가자들을 받습니다. 재가자들이 올 수 있는 기간은 최소 1주일, 길게는 3년까지도 계실 수가 있습니다. 그래서 '나도 스님들처럼 다부지게 한번 정진을 해 봐야겠다'라는 마음이 있으신 분들은 대중선방은 대중선방에 문의를 하시고, 무문관은 무문관에다가 문의(054-753-8228)를 하시면 웬만하면 일이 해결될 것입니다.

　마지막으로, 무일선원 무문관을 책임지고 있는 회주로서 특별히 감사의 말씀을 좀 드리고 싶은 것이 있습니다. 무일선원 무문관은 선방후원회라고 하는 후원 단체로써 운영이 되고 있습니다. 후원회에 들어오시면, 한 철에 책 한 권씩을 선물로 드리고, 정초 때에는 된장, 간장 등을 선물로 드리면서 답례를 합니다. 협조해 주시고 후원해 주신 그 답례로 드리는 것이니까, 저희들이 보람을 가지고 열심히 된장, 간장을 잘 담고 있습니다. 그래서 우리 선방이 잘 운영되고 유지되는 것은 모두가 다 선방후원회에 가입하신 신도님들, 경향 각지 많은 분들이 후원을 해 주신 덕분입니다. 코로나 사태 등 사회가 아주 급변하고 살기 힘들어도 선방이 아무 무리 없이 잘 유지되는 것은 선방후원회 신도님들의 정성과 후원 덕분이 아닌가 생각합니다. 늘 감사드립니다. 오래오래 인연을 맺었으면 좋겠습니다.

　건강하시고 하시는 일이 다 잘 되시도록 늘 기도 올

리겠습니다.

내일 다시 뵙겠습니다.
관세음보살

下心(하심) 無一 우학 스님 作

無一 우학 설법대전(8)

초판발행 2022년 1월 20일(불기 2566년)

저자 無一 우학 큰스님
녹취 이원정(세지)

펴낸곳
도서출판 좋은인연(한국불교대학 부속)
편집 / 김현미
등록 / 제4-88호
주소 / 대구시 남구 중앙대로 126
전화 / 053.475.3707, 6

가격 10,000원
ISBN 979-11-92276-03-8 (04220)

■ 잘못된 도서는 구입하신 곳 또는 도서를 증정받은 곳에서 교환해 드립니다.
■ 법보시 받습니다. 보시하신 책은 군법당, 교도소 등에 무료 배포됩니다.

대한불교조계종 한국불교대학 大관음사
홈페이지 / 한국불교대학
다음카페 / 불교인드라망
유튜브 / 유튜브불교대학, 비유디